LOI
SUR LE PAIEMENT
DES LOYERS

Loi du 9 Mars 1918, établissant les

DROITS DES LOCATAIRES ET DES PROPRIÉTAIRES

Circulaires ministérielles relatives à son application

Loi du 4 Janvier 1919

Loi du 23 Octobre 1919

Loi du 26 Octobre 1919 sur les Baux d'Immeubles dans les

PAYS ENVAHIS

Loi du 3 Novembre 1919 sur les Baux des Fermiers et Métayers

Circulaires concernant les Commissions arbitrales

TEXTE COMPLET

"ÉDITIONS ET LIBRAIRIE"
É. CHIRON, Éditeur
40, Rue de Seine, 40
PARIS

Prix : 1 Franc

LA

LOI DES LOYERS A LA PORTÉE DE TOUS

Commentaire pratique

PAR

J. SOULIÉ
Docteur en Droit
Avocat à la Cour de Toulouse

G. GARDÈS
Avocat
Avoué au Tribunal de Toulouse

RÉSILIATIONS ET PROLONGATIONS

EXONÉRATIONS ET DÉLAIS

INDEMNITÉS DE L'ÉTAT

DÉCHARGES D'IMPOTS

PROROGATIONS DES DETTES HYPOTHÉCAIRES

COMMISSIONS ARBITRALES

PRIX : 3 Francs

Envoi franco contre mandat de 3.30 adressé à

« ÉDITIONS & LIBRAIRIE », 40, Rue de Seine, PARIS

LOI DU 9 MARS 1918

RELATIVE AUX

MODIFICATIONS APPORTÉES AUX BAUX A LOYER PAR L'ÉTAT DE GUERRE

CIRCULAIRE MINISTÉRIELLE SUR L'APPLICATION DE LA LOI

Art. 1er. — Toutes les contestations entre propriétaires et locataires, nées par suite de la guerre et relatives à l'exécution ou à la résiliation des baux à loyer, seront régies par les dispositions exceptionnelles et temporaires ci-après :

TITRE Ier

Résiliations.

Art. 2. — Les baux à loyer seront, sans préjudice des causes de résiliation résultant du droit commun ou des conventions, résiliables conformément aux dispositions suivantes.

Art. 3. — Lorsque le locataire a été tué à l'ennemi ou est décédé des suites de blessures reçues ou de maladie contractée sous les drapeaux, le bail est résilié de plein droit sans indemnité, sur la déclaration de sa veuve, de ses héritiers en ligne directe, ou, à leur défaut, de ses héritiers collatéraux, si ceux-ci habitaient ordinairement avec lui les lieux loués.

La déclaration est adressée au bailleur par lettre recommandée.

S'il y a désaccord entre ceux qui ont le droit de réclamer la résiliation, la commission arbitrale apprécie.

Cette déclaration aura lieu, à peine de forclusion, dans les six mois qui suivront le décès ou l'avis officiel du décès et, si le décès est antérieur à la promulgation de la présente loi, dans les six mois de cette promulgation.

Lorsque le propriétaire établira qu'il a, sur la demande du locataire et pour les convenances personelles de celui-ci, effectué dans les lieux loués, des travaux ou aménagements exceptionnels qu'il devait amortir pendant la durée de la location, la commission arbitrale, prévue au titre III de la présente loi, pourra, en tenant compte de la situation de fortune des parties et de la plus-value résultant de ces travaux pour l'immeuble, décider que la résiliation aura lieu moyennant une indemnité dont elle fixera le montant et les délais de payement.

Art. 4. — La résiliation du bail peut, dans les mêmes cas, et sous condition de la déclaration prévue à l'article 3 dans les délais déterminés par ledit article, être prononcée sur la demande des autres héritiers du locataire et ayants droit. Elle est alors ordonnée par la commission arbitrale, suivant les circonstances, avec ou sans indemnité.

S'il y a désaccord entre ceux qui ont le droit de réclamer la résiliation, la commission arbitrale apprécie.

Art. 5. — La résiliation peut être prononcée sans indemnité, sur la demande de la femme, des enfants ou, à leur défaut, des ascendants des locataires appelés sous les drapeaux, dont le décès, sans avoir été officiellement constaté, peut être présumé.

Elle peut l'être également au profit des autres ayants droit de ce locataire avec ou sans indemnité. S'il y a désaccord entre ceux qui ont le droit de réclamer la résiliation, la commission arbitrale apprécie.

La déclaration prévue à l'article 3 doit alors être faite, à peine de forclusion, dans les six mois de l'avis donné par le ministère de la guerre qu'il y a présomption de décès.

Si l'avis de présomption de décès est antérieur à la promulgation de la présente loi, la déclaration devra être faite dans le délai de six mois à dater de ladite promulgation.

Art. 6. — Lorsque tous les membres d'une société en nom collectif, ou tous les gérants d'une société en commandite simple, ont été tués à l'ennemi ou sont morts des suites de blessures reçues ou de maladie contractée sous les drapeaux, le bail conclu par la société est résilié de plein droit sur la déclaration du liquidateur, ou. à défaut du liquidateur, sur la déclaration des héritiers ou ayants droit.

S'il y a désaccord entre les héritiers, la commission arbitrale aprécie.

Si l'un des associés en nom collectif ou en commandite a été tué à l'ennemi ou est mort des suites de blessures reçues ou de maladie contractée sous les drapeaux, et si son décès a entraîné la dissolution de la société, la résiliation du bail peut être prononcée sur la demande du liquidateur ou, à défaut du liquidateur, sur la demande d'un ayant droit.

La déclaration prévue à l'article 3 doit être faite, à peine de forclusion, dans les cas déterminés au paragraphe 1er du présent article, dans les trois mois de l'avis officiel du décès du dernier sociétaire en nom collectif ou du dernier gérant de la société en commandite simple.

Dans le cas prévu par le troisième paragraphe, elle doit être faite dans les trois mois de la dissolution de la société.

Si le décès prévu au paragraphe 1er ou si la dissolution de société prévue au troisième paragraphe sont antérieurs à la promulgation de la présente loi, les délais ci-dessus impartis courront à partir de ladite promulgation.

La résiliation dans les cas prévus par le présent article a lieu, suivant les circonstances, avec ou sans indemnité.

Art. 7. — Si le locataire établit que, par suite de blessures reçues, ou de maladie contractée ou aggravée sous les drapeaux ou par suite de fait de guerre, s'il n'est pas mobilisé, il n'est plus en état d'exercer la profession pour laquelle il avait conclu le bail, ou qu'il a subi une diminution notable et permanente de sa capacité professionnelle, la résiliation sera prononcée, sur sa demande, sans indemnité.

Le locataire, dans les cas prévus au paragraphe précédent, devra faire, à peine de forclusion, la déclaration prévue par l'article 3, dans les six mois qui suivront sa mise en réforme ou la consolidation de son infirmité et, si ces événements sont antérieurs à la promulgation de la présente loi, dans les six mois de ladite promulgation.

Art. 8. — Seront admis au bénéfice des dispositions qui précèdent et dans les mêmes conditions, les veuves et les héritiers des locataires qui, sans être mobilisés, ont été tués au cours de faits de guerre ou sont morts des suites de blessures ou de maladies occasionnées par ces faits.

La déclaration prévue à l'article 3 devra être faite, à peine de forclusion, dans les six mois de l'avis officiel du décès et, si cet avis de décès est antérieur à la promulgation de la présente loi, dans les six mois de ladite promulgation.

Art. 9. — La résiliation du bail pourra être prononcée, avec ou sans indemnité, sur la demande du locataire qui justifiera que la guerre a modifié sa situation dans des conditions telles qu'il est évident que dans sa situation nouvelle il n'aurait pas contracté.

La déclaration devra être faite, à peine de forclusion, au plus tard dans les trois mois qui suivront le décret fixant la cessation des hostilités.

Art. 10. — La résiliation du bail pourra de même, sans préjudice de ce qui est dit à l'article 2, être prononcée, avec ou sans indemnité, à la demande du bailleur qui justifiera :

1° Ou que le locataire emploie la chose louée à un autre usage que celui auquel elle a été destinée et cause ainsi un dommage au bailleur ;

2° Ou que le locataire ne jouit pas des lieux loués en bon père de famille ;

3° Ou que le locataire, non exonéré en vertu de la présente loi, ne se conforme pas, en ce qui concerne les payements, aux décisions de la commission arbitrale.

Art. 11. — Dans tous les cas prévus ci-dessus, la résiliation devra être déclarée ou prononcée pour un terme d'usage, en observant les délais ordinaires des congés sans que ceux-ci puissent excéder trois mois.

Toutefois, la commission arbitrale pourra ordonner que la résiliation produira effet à partir d'une autre date fixée par elle.

Art. 12. — La demande de résiliation du bail de l'immeuble dans lequel s'exploite un fonds de commerce grevé d'inscriptions doit être notifiée aux créanciers antérieurement inscrits.

Le locataire devra produire à l'appui de sa demande en résiliation un état des inscriptions pouvant grever son fonds, ou un certificat négatif.

Les créanciers pourront notifier leur opposition dans le délai de quinzaine, à la charge de déclarer qu'ils entendent continuer le bail et en assumer les charges à leurs risques et périls pour parvenir à la réalisation dans les conditions prévues par la loi du 17 mars 1909.

Art. 13. — Le bail du locataire qui n'a pu emménager du fait de la mobilisation est résilié de plein droit à la demande du locataire.

TITRE II

Exonérations et délais.

Art. 14. — Sans préjudice des règles du droit commun et des clauses des conventions, il pourra être accordé, pour la durée de la guerre et les six mois qui suivront le décret fixant la cessation des hostilités, des réductions de prix pouvant aller, à titre exceptionnel, jusqu'à l'exonération totale, au locataire non mobilisé, qui justifiera avoir été privé par suite de la guerre, soit des avantages d'utilité ou d'usage de la chose louée, soit d'une notable partie des ressources sur lesquelles il pouvait compter pour faire face au payement du loyer.

Le locataire mobilisé sera dispensé de cette justification ; il appartiendra au propriétaire d'établir que la mobilisation du locataire lui a laissé le moyen d'acquitter tout ou partie des loyers échus.

Dans tous les cas, la commission arbitrale devra tenir compte, tant pour admettre le droit à la réduction que pour en déterminer l'étendue, de l'ensemble des revenus du locataire.

Art. 15. — Sont présumés remplir les conditions fixées par l'article 14, et, comme tels totalement exonérés du payement de ce qu'ils restent devoir sur leurs loyers échus ou à échoir, pendant toute la durée des hostilités et les six mois qui suivront le décret fixant leur cessation, les locataires occupant des logements d'habitation rentrant dans l'une des catégories ci-après déterminées, et qui sont :

1° Ou bien mobilisés ;

2° Ou bien réformés à la suite de blessures reçues ou de maladie contractée ou aggravée à la guerre ;

3° Ou bien attributaires soit de l'allocation militaire, soit de l'allocation des réfugiés, soit des secours de chômage régulièrement organisés par les départements et les communes, soit des secours permanents des bureaux de bienfaisance dressées en exécution de la loi du 14 juillet 1905 :

a) A Paris, dans le département de la Seine et dans les communes de la banlieue placées dans un rayon de 25 kilomètres des fortifications de Paris :

Logements d'un loyer inférieur ou égal à 500 fr, si le locataire est célibataire ; à 600 fr., s'il est marié ;

b) Dans les communes de 100,001 habitants et au-dessus, et dans les communes dont la distance des fortifications de Paris est supérieure à 25 kilomètres sans excéder 40 kilomètres et ayant plus de 2,500 habitants :

Logements dont le loyer est inférieur ou égal à 350 fr., si le locataire est célibataire ; à 400 fr., s'il est marié ;

c) Dans les communes de 20,001 à 100,000 habitants :

Logements d'un loyer inférieur ou égal à [illegible] fr., si le locataire est célibataire ; à 300 fr., s'il est marié ;

d) Dans les communes de 5,001 à 20,000 habitants

Logements d'un loyer inférieur ou égal à 150 fr., si le locataire est célibataire ; à 200 fr., s'il est marié ;

e) Dans les communes de 1,001 à 5,000 habitants :

Logements d'un loyer inférieur ou égal à 100 fr., si le locataire est célibataire ; à 150 fr., s'il est marié ;

f) Dans les communes de moins de 1,000 habitants :

Logements d'un loyer inférieur ou égal à 75 fr., si le locataire est célibataire ; à 100 fr., s'il est marié.

Les chiffres prévus aux alinéas précédents seront majorés de 100 fr. par enfant de moins de seize ans ou autre personne à la charge du locataire et pour chaque fils ou membre de la famille du mobilisé qui habitait sous le même toit dans les villes et communes comprises dans les catégories *a* et *b* ; de 75 fr. dans les villes et communes comprises dans la catégorie *c*; de 50 fr. dans les autres communes.

Toutefois, sont exceptés du bénéfice des dispositions qui précèdent les locataires mobilisés à l'égard desquels il sera justifié qu'ils reçoivent, par suite de la mobilisation, un traitement, une solde ou une rétribution supérieure d'un quart au traitement, au gain, à la rétribution ou au salaire qu'ils recevaient avant la guerre et pour toute la période du temps pendant laquelle ils les reçoivent.

Si les locataires désignés au paragraphe premier du présent article n'ont été mobilisés que pendant une partie de la durée de la guerre, l'exonération de plein droit ne s'appliquera qu'à la période de temps pendant laquelle ils auront été mobilisés.

De même, si les attributaires d'allocations ou secours prévus au quatrième paragraphe du présent article n'ont été admis à ces allocations ou secours que pendant une partie de la durée de la guerre, l'exonération de plein droit ne s'appliquera qu'à cette période.

La présomption qu'un locataire attributaire de l'allocation militaire remplit les conditions de l'artile 14 pourra être combattue par la preuve contraire devant la commission arbitrale, excepté si ce locataire peut invoquer une des autres causes d'exonération prévues par la présente loi.

Les locataires mobilisés, affectés, en vertu de l'article 6 de la loi du 17 août 1915, à des établissements industriels travaillant à la défense nationale, pourront se prévaloir de l'exonération prévue au présent article, s'ils sont occupés dans un établissement trop éloigné de leur domicile habituel pour maintenir leur habitation dans les lieux loués et s'ils ne reçoivent pas un traitement, un salaire ou une rétribution supérieurs d'un quart à ceux qu'ils percevaient avant la guerre.

Dans tous les autres cas, ils seront soumis au régime des articles 14 et 16.

Art. 16. — Sauf la faculté réservée au propriétaire d'administrer la preuve contraire devant la commission arbitrale, sont présumés remplir les conditions fixées par l'article 14 et comme tels exonérés du payement de ce qu'ils restent devoir sur leurs loyers échus du 1er août 1914 au 1er avril 1918 :

Les locataires, mobilisés ou non, occupant des logements compris dans l'une des catégories déterminées à l'article 15 et non exonérés de plein droit pour la durée de la guerre et les six mois qui suivront le décret fixant la cessation des hostilités.

A compter du 1er avril 1918, ces locataires seront placés sous le régime de l'article 14 et pourront invoquer le bénéfice des dispositions de la présente loi devant les commissions arbitrales.

Art. 17. — Dans tous les cas, il pourra être accordé au locataire, suivant les circonstances, terme et délai pour se libérer, soit en totalité, soit par fractions.

Art. 18. — Pendant toute la période pour laquelle l'exonération totale leur est accordée en vertu des articles qui précèdent, les locataires seront maintenus en possession des lieux loués.

Seront également maintenus en possession des lieux loués, pendant toute la durée de la guerre et les six mois qui suivront la cessation des hostilités, les locatares ayant obtenu des exonérations ou des réductions, à charge par eux de se conformer aux décisions rendues par les commissions arbitrales ou, lorsque ces exonérations ou réductions résulteront d'accords intervenus librement avec les bailleurs, aux conditions fixées par ces conventions.

Ces dispositions s'appliquent aux cas de bail expiré ou non expiré, ainsi qu'au cas où la location est régie par l'usage des lieux.

Art. 19. — Sont interdites pendant toute la durée des hostilités et les six mois qui suivront le décret fixant leur cessation, toutes instances, toutes assignations, toutes procédures d'exécution à l'égard des locataires mobilisés.

En conséquence, ceux-ci ne pourront être appelés devant la commission arbitrale qu'à l'expiration du délai de six mois à compter du jour où ils auront cessé d'être présents sous les drapeaux.

Toutefois, ils pourront, à toute époque, s'ils le préfèrent, demander aux commissions arbitrales de statuer dans les conditions prévues à la présente loi.

Art. 20. — Les dispositions de l'article 19 sont applicables jusqu'à l'expiration de l'année qui suivra la promulgation de la présente loi, sans que ce délai puisse dépasser six mois après le décret fixant la cessation des hostilités :

1° Aux veuves des militaires morts sous les drapeaux depuis le 1er août 1914 ou aux membres de leur famille qui habitaient antérieurement avec eux les lieux loués ;

2° Aux femmes des militaires disparus dont la disparition a été officiellement constatée ou aux membres de leur famille qui habitaient antérieurement avec eux les lieux loués ;

3° Aux personnes, parentes ou non, qui antérieurement au 1er août 1914, vivaient habituellement dans les lieux loués avec le locataire mobilisé et qui justifieront qu'elles étaient à sa charge ;

4° Aux militaires réformés à la suite de blessures ou de maladie contractées ou aggravées à la guerre.

Si le décès ou la mise en réforme est postérieur à la promulgation de la présente loi ou survient moins d'un an avant cette promulgation, le délai courra du jour du décès ou de la date officielle de la mise en réforme.

Les dispositions de l'article 19 sont également applicables aux femmes de citoyens français retenus en pays envahis, internés en pays ennemis ou en pays neutres ou aux membres de leur famille qui habitaient antérieurement avec eux les lieux loués, jusqu'à l'expiration des six mois qui suivront leur libération.

Sont également admises au bénéfice de ces dispositions les sociétés en nom collectif dont tous les associés, et les sociétés en commandite dont tous les gérants sont présents sous les drapeaux.

Art. 21. — Les décisions rendues entre le bailleur et le preneur sont acquises de plein droit à la caution ainsi qu'à celui ou à ceux qui, par suite de sous-location ou de cessions antérieures du droit au bail, sont tenus solidairement.

Au cas de sous-location, le locataire principal pourra toujours mettre en cause devant la commission arbitrale le propriétaire et exercer à son égard les droits résultant de l'article 14, même en cas d'inaction du sous-locataire. Le même droit appartiendra à la caution en cas d'inaction du locataire cautionné.

Au cas de constructions édifiées sur le terrain d'autrui, le propriétaire des constructions, appelé devant la commission arbitrale par ses locataires, pourra lui-même mettre en cause le propriétaire du sol et demander une réduction de son loyer vis-à-vis de ce propriétaire.

Dans tous les cas, la commission arbitrale règlera la situation de chacun des intéressés.

Le locataire principal qui a perçu d'un sous-locataire, en tout ou en partie, le prix du loyer, en doit le montant au propriétaire en déduction ou jusqu'à concurrence de sa propre dette sans pouvoir invoquer pour le conserver les avantages d'exonération, de réduction ou de délais résultant de la présente loi.

Dans le cas visé au paragraphe ci-dessus, si le locataire principal a négligé de verser au bailleur les sommes ainsi perçues du sous-locataire, il devra au bailleur, à titre de pénalité de retard, un intérêt à 6 p. 100 l'an à compter du jour du payement par le sous-locataire.

Art. 22. — L'obligation ci-dessus ne s'appliquera pas aux logeurs en garni.

Pour ces derniers, la commission arbitrale appréciera, en envisageant le loyer d'ensemble de l'immeuble et les charges du logeur, les réductions ou exonérations qui pourront lui être accordées sur les justifications prévues par l'article 14.

Les logeurs en garni ne pourront, contre le payement de la somme ainsi fixée par la commission arbitrale, invoquer aucune des exceptions prévues par la présente loi.

Art. 23. — L'exercice du privilège ou des droits et actions du bailleur peut être limité à une partie déterminée et suffisante du mobilier garnissant les lieux loués et servant de gage spécial à sa créance.

Le bailleur peut, si le locataire quitte les lieux loués avant le complet payement des loyers encore dus et sans fournir une caution suffisante, réaliser le gage affecté à sa créance.

Art. 24. — Ne pourront être compris dans ce gage, au même titre que les meubles, effets mobiliers, ustensiles et objets nécessaires au coucher et au travail du locataire et des membres de sa famille, les meubles, effets mobiliers, ustensiles et objets indispensables garnissant la salle à manger et la cuisine.

Art. 25. — Les sommes versées à titre de loyer d'avance ou de garantie de l'exécution du bail se compenseront de plein droit avec le montant des termes échus pendant la durée de la guerre.

Art. 26. — Les règles établies par les dispositions des articles 23 à 25 sont applicables aux locataires en garni.

Toutefois, les commissions arbitrales devront déterminer dans le chiffre du loyer la fraction représentative des fournitures qui demeureront à la charge des locataires.

Art. 27. — Il sera tenu compte par les commissions arbitrales des loyers payés par les locataires depuis le 1er août 1914 et l'imputation en sera ordonnée, en tout ou en partie, soit sur les termes à échoir, soit sur les termes demeurés impayés.

Le payement des indemnités de résiliation effectué depuis le 4 août 1914 par les personnes visées au titre 1er ne mettra pas obstacle à l'exercice des droits accordés par la présente loi et pourra donner lieu à répétition.

Il en sera de même des jugements et arrêts rendus postérieurement au 1er août 1914 et qui auront statué sur des demandes en payement de loyers échus depuis la guerre.

Toutefois, les sommes payées en vertu de ces décisions ne seront pas sujettes à répétition.

Art. 28. — Toutes clauses et stipulations contraires à la présente loi seront considérées comme nulles et non avenues.

Toutefois, demeurent valables les conventions et les transactions librement conclues entre le bailleur et le preneur relatives à des baux intervenus depuis le 4 août 1914, sous réserve qu'aucun fait nouveau, né de la guerre, ne soit survenu qui ait modifié la situation du locataire.

Art. 29. — Les bailleurs dont les locataires auront été exonérés, en tout ou en partie, en vertu des articles 14, 15 et 16 de la présente loi ou par suite de conventions librement consenties, conformément à l'article précédent, auront droit à une indemnité servie par l'Etat si, en vertu des lois d'impôt général sur le revenu, ils ne sont pas assujettis à cet impôt en raison de la modicité de leur revenu net total annuel, ou si, étant assujettis à cet impôt, leur revenu net total annuel, réduction faite de tous abattements et déductions prévus par la loi, ne dépasse pas les chiffres suivants :

1° Cinq mille francs dans toutes les communes de moins de 100,000 habitants ;

2° Huit mille francs dans les communes de 100,000 habitants et au-dessus et dans celles visées au paragraphe 7 de l'article 15 ;

3° Dix mille francs à Paris, dans le département de la Seine et dans les communes de la banlieue visées au paragraphe 5 de l'article 15.

Le droit à indemnité pour pertes de loyer subies du 1er août 1914 au 31 décembre 1915 sera réglé d'après le montant du revenu imposé aux rôles de l'impôt général sur le revenu pour l'exercice 1916 ; le droit à indemnité pour pertes de loyer subies en 1916 sera réglé d'après le montant du revenu imposé en 1917 et ainsi de suite, le droit à indemnité pour pertes de loyer subies pendant une année étant déterminé d'après le revenu assujetti à l'impôt général sur le revenu de l'année suivante.

Si, depuis le début des hostilités, le revenu net total pour lequel a été imposé le propriétaire a dépassé dans une année les chiffres ci-dessus, le propriétaire n'aura droit pour ladite année à aucune indemnité.

Les établissements publics de bienfaisance auront toujours droit à l'indemnité de l'Etat.

L'indemnité sera de 50 p. 100 des loyers dont le locataire aura été déchargé sans qu'elle puisse, ajoutée à la portion des loyers demeurés exigibles, être inférieure aux charges de la propriété correspondant aux locaux ayant fait l'objet d'une exonération ou réduction, annuités des créances hypothécaires, impôts et assurances compris.

En aucun cas, l'indemnité ajoutée au revenu imposé à l'impôt général sur le revenu ne pourra procurer aux bénéficiaires un émolument total annuel supérieur aux chiffres de revenu énumérés au deuxième alinéa du présent article.

Seront assimilés aux propriétaires visés à l'alinéa premier les logeurs en garni dont les sous-locataires auront été exonérés en vertu des articles 14, 15 et 16 de la présente loi, pourvu que le revenu net total annuel pour lequel ils ont été imposés ne dépasse pas les chiffres indiqués au présent article.

Les indemnités seront payées en dix termes annuels, sans toutefois que le premier terme puisse être inférieur à 1,000 fr. ou à la totalité de la créance si celle-ci n'atteint pas le chiffre de 1,000 fr. Ce minimum ne sera exigible qu'à la première des demandes formées par le même propriétaire.

Le premier terme sera versé dans le mois de la date de la décision ministérielle statuant sur la demande en indemnité.

Les termes non échus porteront intérêt à 5 p. 100 l'an. Les intérêts seront payables chaque année en même temps que les termes successifs.

Art. 30. — Il sera remis à chaque ayant droit un titre constatant sa créance.

Ce titre ne sera pas négociable, mais l'ayant droit pourra demander qu'une partie de ladite créance, soit déléguée à son créancier hypothécaire qui devra accepter cette délégation jusqu'à concurrence des intérêts, arrérages et annuités qui lui seront dus.

Les titres de créance ainsi délivrés pourront faire l'objet d'avances dans les conditions qui seront déterminées par le ministre des finances. Ils pourront également faire l'objet de transports conformément aux articles 1689 et suivants du code civil.

Les demandes en indemnités formées par les propriétaires désignés au présent article seront, dans chaque département, adressées au directeur de l'enregistrement au plus tard dans l'année qui suivra la cessation des hostilités.

Elles pourront l'être dès la promulgation de la présente loi.

Il en sera délivré immédiatement récépissé.

Un arrêté du ministre des finances déterminera la forme de la demande et les pièces justificatives à produire par le propriétaire.

Dans le délai de deux mois à dater du dépôt de la demande, le directeur de l'enregistrement fixera le montant de l'indemnité, par délégation du ministre, en conformité des paragraphes 1er et 8 du précédent article. Cette décision sera notifiée, en la forme administrative, au propriétaire demandeur.

Dans la quinzaine de la notification, celui-ci pourra adresser un recours au Ministre qui statuera dans le mois.

La décision du Ministre pourra faire l'objet d'un recours devant le Conseil d'Etat dans les conditions du droit commun.

Le recours aura lieu sans frais et sans intervention obligatoire d'un avocat.

La loi de finances déterminera les voies et moyens à l'aide desquels il sera fait face au payement des indemnités prévues au précédent article.

Art. 31. — Toute réduction ou exonération de loyer prononcée par la loi ou par les commissions arbitrales entraînera, sur la contribution foncière et la contribution des portes et fenêtres, principal et centimes additionnels, départementaux et communaux compris, et sur les taxes assimilées afférentes à l'immeuble loué, une remise proportionnelle à la perte de revenu subie par le propriétaire.

Cette remise devra, à peine de forclusion, être demandée par le propriétaire dans les trois mois qui suivront la date à laquelle la réduction ou l'exonération de loyer sera devenue définitive ; pour les réductions accordées avant la promulgation de la loi, le délai courra du jour de cette promulgation.

Tout propriétaire qui aura consenti des réductions ou exonérations amiables de loyer bénéficera de cette remise.

Il produira, à l'appui de sa demande en remise ou en modération, une déclaration, dûment signée et certifiée sincère du montant du loyer auquel il aurait eu droit, de la quotité de la réduction consentie et de la période à laquelle elle s'applique.

En cas de fausse déclaration, les coupables seront passibles des peines portées à l'article 405 du code pénal.

L'article 463 du même code pourra être appliqué.

Les demandes en réduction d'impôts

seront présentées, instruites et jugées, comme les demandes en remise pour vacances de maison.

Les dispositions du présent article, à l'exception de la dernière, sont applicables aux droits d'enregistrement perçus ou exigibles sur les baux et locations ayant donné lieu à des réductions ou exonérations de loyer.

Art. 32. — Au cas où, par le fait de la guerre, le propriétaire se trouvera privé d'une notable partie des ressources sur lesquelles il pouvait compter pour faire face ou payement de ses dettes hypothécaires et privilégiées, la commission arbitrale pourra, sur sa demande, et nonobstant toutes stipulations contraires, lui accorder les délais qu'elle jugera nécessaires tant pour le payement du principal en cas d'exigibilité, que pour le payement des intérêts, annuités ou arrérages échus avant ou pendant la durée des hostilités.

Les délais auront pour point de départ la date d'exigibilité de la créance et ils ne pourront dépasser trois années plus une durée égale à celle des hostilités. Le retard déjà existant au début de la guerre sera imputé sur lesdits délais.

Le créancier sera appelé devant la commission arbitrale, en la forme et de la manière prescrite au titre III de la présente loi.

La commission arbitrale pourra décider qu'au jour de la cessation des hostilités, les intérêts, annuités ou arrérages impayés s'ajouteront au capital de la dette, avec ou sans intérêts, et qu'ils seront payés en fin de contrat.

En ce cas, ces intérêts, annuités ou arrérages profiteront des mêmes garanties et seront conservés de plein droit par l'hypothèque au même rang que le principal, même s'ils excèdent la limite de trois années fixée par l'article 2151 du code civil.

Toutefois, cette dernière disposition ne sera pas opposable aux créanciers hypothécaires postérieurs en rang et inscrit antérieurement au 1er août 1914.

Nonobstant les délais prévus à la présente loi, les créanciers hypothécaires ou privilégiés pourront, dans les termes du droit commun, sur la poursuite intentée par d'autres créanciers, prendre part à toutes distributions de l'actif de leur débiteur.

Les dispositions du présent article sont applicables aux acquéreurs d'habitations à bon marché, de jardins ouvriers et de petites propriétés, qui amortissent leur prix d'acquisition par payements périodiques

Art. 33. — Pour la détermination du chiffre du loyer, dans tous les cas prévus à la présente loi, il ne sera tenu compte que des prix de loyer en vigueur au 1er août 1914.

TITRE III

Juridiction et procédure.

Art. 34. — Toutes les contestations auxquelles la présente loi donnera lieu, seront, quel que soit leur chiffre, jugées par une commission arbitrale des loyers, composée, outre le président, de quatre membres, savoir : deux propriétaires et deux locataires.

En principe, il est institué dans chaque arrondissement et, dans les villes divisées en cantons ou arrondissements, dans chaque canton ou arrondissement, enfin, dans chaque canton suburbain du département de la Seine, une commission arbitrale.

Le lieu où siègera la commission arbitrale sera publié, par les soins de l'administration préfectorale, à la porte de chaque mairie du ressort.

Toutes les fois que, pour l'expédition des affaires, la subdivision paraîtra nécessaire, il y sera pourvu par un décret qui déterminera le ressort de chaque commission arbitrale.

Un décret pourra également instituer plusieurs commissions arbitrales fonctionnant simultanément dans la même circonscription, ou rattacher entre elles plusieurs circonscriptions.

Dans la huitaine de la promulgation de la présente loi ou des décrets prévus au paragraphe précédent, le premier président de la cour d'appel déléguera, pour présider chaque commission, soit un des membres de la cour, soit un des membres des tribunaux du ressort, soit, en cas d'empêchement de tous ces magistrats, l'un des juges de paix ou suppléants de la justice de paix, ou un avocat ayant au moins dix années d'inscription au tableau.

Le premier président pourvoira au remplacement du président empêché temporairement ou définitivement.

Au cas où plusieurs commissions seraient appelées, conformément aux dispositions du paragraphe 5, à fonctionner simultanément dans la même circonscription, il déterminera entre elles l'ordre de répartition des affaires

Art. 35. — Dans chaque commune, sur convocation spéciale du préfet, et au plus tard dans le mois qui suivra la promulgation de la présente loi, le conseil municipal dresse trois listes de propriétaires et de locataires domiciliés dans la commune : une de propriétaires d'immeubles à loyer situés dans l'arrondissement, une de locataires non patentés, une de locataires patentés. Les femmes propriétaires ou locataires, âgées de vingt-cinq ans au moins, peuvent être inscrites sur ces listes. Ces listes comprendront deux propriétaires, deux locataires patentés et deux locataires non patentés par 200 habitants dans les circonscriptions arbitrales n'ayant pas plus de 30,000 habitants ; par 500 habitants, dans les circonscriptions ayant de 30,001 à 100,000 habitants et par 1,000 habitants dans les circonscriptions ayant plus de 100,000 habitants. A Paris, ainsi que dans les villes divisées en plusieurs cantons ou arrondissements, le conseil municipal dresse les listes par canton ou arrondissement.

Les listes sont dressées chacune en deux exemplaires, dont l'un reste déposé à la mairie et l'autre doit être transmis, dans le délai fixé par l'arrêté de convocation, au sous-préfet du chef-lieu de l'arrondissement ou au juge de paix du canton comprenant une ou plusieurs circonscriptions arbitrales, à Paris au préfet de la Seine. Ces listes sont groupées par circonscription.

Dans les deux mois de la promulgation de la présente loi, une commission composée du président du tribunal civil ou du magistrat délégué par lui, président, des conseillers généraux, des conseillers d'arrondissements, des juges de paix et d'un fonctionnaire des contributions directes désigné par le directeur se réunit dans chaque arrondissement ou dans chaque canton comprenant une ou plusieurs circonscriptions arbitrales.

A Paris, cette commission est composée, dans chaque arrondissement, du président du tribunal civil ou du magistrat délégué par lui, président, du maire ou d'un adjoint délégué par lui, des conseillers municipaux, du juge de paix et d'un fonctionnaire des contributions directes désigné par le directeur.

Le président de la commission prévue aux alinéas 3 et 4 du présent article tire au sort, en séance publique de la commission, sur les listes préparatoires de la circonscription, dressées comme il vient d'être dit, les noms des propriétaires et des locataires appelés à former les listes définitives.

Le nombre des propriétaires, des locataires patentés et des locataires non patentés à inscrire sur les listes définitives est de la moitié du nombre des propriétaires et du quart de celui des locataires portés sur les listes provisoires, avec un minimum de 80 propriétaires, de 40 locataires patentés et de 40 locataires non patentés.

La commission, avant de procéder au tirage au sort, statue sur les incapacités et prononce la radiation des propriétaires et des locataires soumis aux cas d'incapacité ou d'incompatibilité énumérés à l'article 37 ci-après.

Art. 36 — Les décisions de la commission sont prises à la majorité. Au cas où tous les membres ne seraient pas présents, la séance serait remise à un jour suivant et il suffirait de la majorité des commissaires présents. En cas de partage, la voix du président est prépondérante.

Les listes définitives sont transmises au président de la commission arbitrale par les soins du président de la commission prévue à l'article 35.

Art. 37. — Ne pourront être compris dans les listes définitives d'assesseurs de la commission arbitrale des loyers que les propriétaires ou locataires de la circonscription, âgés de plus de vingt-cinq ans, inscrits sur les listes électorales, non soumis aux cas d'incapacité ou d'incompatibilité prévus par les articles 2, 3 et 4 de la loi du 21 novembre 1872.

Les femmes propriétaires ou locataires, âgées de vingt-cinq au moins, domiciliées dans la circonscription, pourront être comprises dans les listes d'assesseurs de la commission arbitrale, pourvu qu'elles ne soient pas soumises aux cas d'incapacité prévus, en ce qui les concerne, par les articles 2, 3 et 4 de ladite loi.

Ne peuvent être choisis : 1° les locataires propriétaires d'immeubles de rapport dans le département et les départements limitrophes ; 2° les locataires représentants habituels d'un ou de plusieurs propriétaires.

Art. 38. — Quinze jours au moins avant l'ouverture de chaque session, au lieu et à la date qui seront publiés dans la forme prescrite à l'alinéa 3 de l'article 34, le président de la commission arbitrale tire au sort publiquement sur les listes dressées en vertu de l'article 35, les noms des propriétaires et des locataires appelés à former la commission arbitrale des loyers. L'un des deux locataires assesseurs doit être un locataire patenté et l'autre un locataire non patenté.

Le président tire, de plus, au sort les noms de cinq assesseurs suppléants, lesquels devront être domiciliés dans la ville où siège la commission arbitrale, savoir : deux propriétaires et trois locataires, dont un locataire patenté.

Cette liste des assesseurs est déposée immédiatement au secrétariat ; elle est communiqué à tout intéressé.

Le président fixe la date de la session. Celle-ci dure deux mois au plus. Néanmoins, toute affaire commencée devra être jugée par la commission devant laquelle elle aura été portée.

Le président de la commission arbitrale convoque les assesseurs.

Tout assesseur qui aura fait le service pendant une session sera dispensé, sur sa demande adressée au président, pour la session suivante.

Art. 39. — Les assesseurs des commissions arbitrales peuvent être récusés :

1° Quand ils ont un intérêt personnel à la contestation ;

2° Quand ils sont parents ou alliés

d'une des parties en ligne directe et en ligne collatérale jusqu'au quatrième degré inclusivement ou quand ils sont parents entr eux dans les mêmes conditions ;

3° Si, dans l'année qui a précédé la récusation, il y a eu action judiciaire, criminelle ou civile, entre eux et l'une des parties ou son conjoint, ou ses parents et alliés en ligne directe ;

4° S'ils ont donné un avis écrit dans l'affaire ;

5° S'il sont patrons, ouvriers ou employés de l'une des parties en cause.

En outre, chaque partie aura respectivement le droit d'exercé deux récusations péremptoires.

La partie qui veut récuser un assesseur est tenue de former la récusation avant tout débat et d'en exposer les motifs dans une déclaration qu'elle remet, revêtue de sa signature, au secrétaire de la commission arbitrale.

Il est statué sans délai par le président, dont la décision est en dernier ressort. Il prononce également sur les causes d'empêchements que les assesseurs proposent, ainsi que sur les exclusions ou incompatibilités dont les causes ne seraient survenues ou n'auraient été connues que postérieurement à la désignation faite en vertu de l'article 38.

En cas d'absence, d'empêchement ou de récusation de l'un des assesseurs, ou si, pour toute autre cause, la commission est hors d'état de se constituer régulièrement, elle se complètera en appelant à siéger un assesseur suppléant, dans l'ordre du tirage au sort. A défaut d'assesseur suppléant, il sera procédé à un nouveau tirage au sort fait, en séance publique, sur les listes dressées en vertu de l'article 35, l'assesseur suppléant devant être domicilié dans la ville où siège la commission arbitrale.

Art. 40. — Avant d'entrer en fonctions, les assesseurs prêtent, individuellement, devant le président de la commission, le serment de remplir leur devoir avec zèle et intégrité et de garder le secret des délibérations.

En cas d'absence sans excuse jugée valable, ou en cas de refus de service non justifié, l'assesseur sera condamné par le président de la commission arbitrale à une amende de cent francs (100 fr.) au moins et de trois cents francs (300 fr.) au plus, sous réserve de l'application de l'article 463 du Code Pénal. Le président statue en dernier ressort sur l'opposition qui serait formée par l'assesseur condamné.

Les assesseurs reçoivent sur les fonds de la justice criminelle, dans les conditions prévues par les articles 2, paragraphe 4 et 62 du décret du 18 juin 1881, les indemnités de déplacement et de séjour prévues pour les membres du jury criminel par les lois des 19 mars 1907 et 17 juillet 1908 et le décret du 18 juin 1811. Toutefois, les assesseurs suppléants ne peuvent prétendre à une indemnité que pour les jours où ils ont effectivement siégé.

Les magistrats désignés pour présider les commissions arbitrales hors du chef-lieu de l'arrondissement, recevront, pour frais d'indemnité de séjour, l'indemnité prévue par l'article 3 de la loi du 4 octobre 1916.

Art. 41. — Le premier président de la Cour d'appel désigne le secrétaire de la Commission arbitrale. Il peut le révoquer.

Le secrétaire, avant de prendre possession de ses fonctions, prête serment devant le président de la commission arbitrale.

Les émoluments sont ceux fixés par la loi du 27 mars 1907 dont les articles 58, 59, 60, 61 et 62 sont applicables.

Tout secrétaire convaincu d'avoir perçu une taxe non prévue ou supérieure au taux fixé est passible des peines portées à l'article 102 du décret du 30 mars 1808, modifié par la loi du 10 mars 1898 et des articles 1030 et 1031 du code de procédure civile

Art. 42. — Il sera, dans tous les cas, procédé à un préliminaire de conciliation devant le président de la commission arbitrale de la situation de l'immeuble.

A cet effet, le demandeur fait convoquer le défendeur par lettre recommandée du secrétaire avec avis de réception; cette lettre indiquera les nom, profession et domicile du demandeur l'objet de la demande, le jour et l'heure de la comparution, fixés par le président au délai minimum de trois jours francs. A défaut d'un avis de réception établissant que le défendeur a été touché, en temps utile, le défendeur est cité par huissier.

Les parties comparaîtront en personne, sauf en cas d'excuse jugée valable par le président. Elles pourront toujours être assistées d'un avocat inscrit au tableau ou d'un officier ministériel.

Si, au jour indiqué par la lettre du secrétaire, le demandeur ne comparaît pas, la cause est rayée du rôle et ne peut être reprise qu'après un délai de huit jours au moins.

Art. 43. — Il sera loisible aux parties, lors de la tentative de conciliation et si elles sont d'accord, de donner mission au président pour prononcer sur leurs difficultés, comme arbitre amiable-compositeur en dernier ressort et avec dispense d'observer toutes formalités judiciaires.

La décision sera exécutoire, sans qu'il soit besoin d'ordonnance d'exequatur.

Art. 44. — Les parties pourront toujours se présenter volontairement devant le président, et, dans ce cas, il est procédé à leur égard comme si l'affaire avait été introduite par une demande directe.

Art. 45. — A défaut de conciliation ou si le défendeur ne se présente pas, le secrétaire convoque les parties par lettres recommandées, avec avis de réception, pour l'audience de la commission arbitrale du lieu de la situation de l'immeuble, au jour qui aura été fixé par le président lors de la tentative de conciliation et en observant le délai prescrit à l'article 42, alinéa 2. A défaut d'avis de réception, le défendeur est cité par huissier.

La citation contient les énonciations prescrites pour la lettre par l'article 42.

Les témoins, s'il y a lieu, seront appelés dans les mêmes formes et délais.

Art. 46. — Si la décision est rendue par défaut, avis de ses dispositions est transmis par le secrétaire à la partie défaillante, par lettre recommandée avec avis de réception, dans les trois jours du prononcé.

L'opposition n'est recevable que dans la quinzaine de la date de la réception de la lettre recommandée, ou, à défaut d'avis de réception, dans la quinzaine de la notification par huissier. Elle a lieu par une déclaration au secrétariat, dont il est délivré récépissé. La lettre recommandée contiendra mention de cette prescription.

Toutes parties intéressés sont prévenues par lettre recommandée du secrétaire, avec avis de réception ou par exploit d'huissier, pour la prochaine audience utile, en observant les délais de l'article précédent.

La décision qui intervient est réputée contradictoire.

Toute décision contradictoire sera notifiée par le secrétaire dans la forme et les délais prescrits au paragraphe 1er du présent article.

Art. 47. — Les délais sont comptés et augmentés conformément aux dispositions de l'article 1033 du code de procédure civile.

Art. 48. — Les parties doivent comparaître en personne et peuvent se faire assister par un membre de leur famille, parent ou allié au degré successible, par un avocat régulièrement inscrit ou par un officier public ou ministériel dans sa circonscription En cas d'excuse jugée valable, elles peuvent se faire représenter par les personnes ci-dessus mentionnées. Si le représentant est un membre de la famille, il devra être porteur d'un pouvoir sur papier non timbré, dispensé de la formalité de l'enregistrement, avec signature légalisée.

Il ne pourra être présenté que de simples observations ou conclusions.

Sont applicables les dispositions des articles 26 de la loi du 12 juillet 1905, 96 de la loi du 13 juillet 1911.

L'assistance judiciaire peut être accordée aux parties par le bureau d'assistance judiciaire prévu à l'article 3, paragraphe 1er de la loi du 10 juillet 1901. Elle est de droit pour les locataires énumérés à l'article 15 de la présente loi.

Art. 49. — Les audiences sont publiques. Toutefois, la commission arbitrale pourra ordonner, sur la demande de l'une des parties, que les débats auront lieu en chambre du conseil.

S'il y a litige sur le fond du droit ou sur la qualité des réclamants, la commission surseoira à statuer sur les questions de résiliation, d'exonération, réduction ou délais dont elle aura été saisie et renverra les parties à se pourvoir devant le tribunal compétent.

Les décisions de la commission arbitrale seront sommairement motivées.

Elles seront toujours rendues en audience publique.

Elles comporteront la forme exécutoire prévue par les articles 146 et 545 du code de procédure civile.

La reproduction des débats par la voie de la presse est interdite sous peine de l'amende édictée par l'article 39 de la loi du 29 juillet 1881.

La sentence de la commission arbitrale règle en une décision unique pour toute la durée de la guerre et les six mois qui suivront, sauf les délais plus étendus prévus par la présente loi, les rapports des parties entre lesquelles elle a été rendue.

Art. 50. — Les pouvoirs conférés aux tribunaux en matière d'autorisation maritale sont dévolus au président de la commission.

Art. 51. — Les décisions des commissions arbitrales pourront être attaquées par la voie du recours en cassation pour excès de pouvoir ou violation de la loi.

Les pourvois seront formés, au plus tard le quinzième jour à dater de la notification prévue à l'article 46, par déclaration au secrétariat de la commission arbitrale, qui aura rendu la décision, et notifiés, à peine de déchéance, dans la quinzaine, par exploit d'huissier.

Dans la quinzaine de cette dernière notification, les pièces seront adressées à la cour de cassation. Aucune amende ne sera consignée. Le ministère d'un avocat ne sera pas obligatoire

Le pourvoi sera porté directement devant la chambre civile.

Lorsqu'une décision aura été cassée, l'affaire sera renvoyée devant la commission arbitrale d'un canton ou d'un arrondissement voisin.

Art. 52. — Le secrétaire tient registre sur papier non timbré, coté et paraphé par le président, pour mentionner tous les actes d'une nature quelconque, décisions et formalités, auxquels donne lieu l'exécution de la présente loi.

Les copies pour extrait, certifiées conformes, seront, en cas de pourvoi, jointes au dossie..

Le décisions portées sur le registre prévu au paragraphe précédent seront signées du président et du secrétaire, conformément à l'article 138 du code de procédure civile. Les grosses et expéditions seront délivrées par le secrétaire.

Art. 53. — Les décisions ainsi que les extraits, copies, grosses ou expéditions qui en seront délivrés, et généralement tous les actes de procédure auxquels donnera lieu l'application de la présente loi, sont visés pour timbre et enregistrés gratis. Ils porteront la mention expresse qu'ils sont faits en exécution de la présente loi.

Toutefois, au cas où les parties produiraient à l'appui de leurs prétentions soit des actes non enregistrés et qui seraient du nombre de ceux dont les lois ordonnent l'enregistrement dans un délai déterminé, soit des actes et titres rédigés sur papier non timbré, contrairement aux prescriptions des lois sur le timbre, la commission arbitrale devrait, conformément à l'article 16 de la loi du 23 août 1871, ordonner d'office le dépôt au greffe de ces actes pour y être immédiatement soumis à la formalité de l'enregistrement ou du timbre.

Art. 54. — En cas de plainte en prévarication contre les membres des commissions arbitrales, il sera procédé contre eux suivant la forme établie à l'égard des juges par l'article 483 du code d'instruction criminelle.

Les articles 505 à 508, 510 à 516 du code de procédure civile, 126, 127 et 185 du code pénal sont applicables aux commissions arbitrales et à leurs membres individuellement.

La prise à partie sera portée devant la Cour d'appel.

Art. 55. — Demeurent, au surplus, applicables les articles 10, 11, 12, 14, 18, 28, 29, 34, 35, 36, 37, 41, 42, 43, 54, 55, 130, 131, 168, 170, 171, 452, 474, 480 du code de procédure civile en tout ce qui n'a rien de contraire à la présente loi.

TITRE IV

Dispositions générales

Art. 56. — Les baux et locations verbales en cours au 1er août 1914 seront prorogés à la demande du locataire, aux conditions fixées au bail et à compter du décret fixant la cessation des hostilités, savoir :

1° Ceux afférents à des locaux à usage commercial, industriel ou professionnel, d'une durée égale au temps écoulé entre le décret de mobilisation et le décret fixant la cessation des hostilités ;

2° Ceux afférents à des locaux à usage d'habitation, d'une durée de deux années.

Toutefois, en ce qui concerne les locaux d'habitation rentrant dans la catégorie des petits logements prévus à l'article 15 et dont le locataire mobilisé sera resté plus de deux années sous les drapeaux, la durée de la prorogation sera égale au temps pendant lequel ce locataire aura été mobilisé.

Seront également prorogé, dans les mêmes conditions, au profit des locataires maintenus dans la vie civile par le décret de mobilisation, mais postérieurement mobilisés en vertu d'ordres individuels, les baux et locations verbales par eux contractés entre le 1er août 1914 et la date de leur mobilisation.

Dans le silence du bail, la commission arbitrale aura compétence pour juger si le bailleur peut se prévaloir du fait d'une modification survenue dans la nature du commerce ou de l'industrie pour se refuser à la prorogation du bail.

Art. 57. — Sont exceptés des dispositions des paragraphes 1er, 2, 3, 4 et 5 de l'article qui précède, les locataires à l'égard desquels le bailleur aura prouvé, devant la commission arbitrale, qu'ils ont réalisé des bénéfices exceptionnels de guerre dans les conditions prévues par la loi du 1er juillet 1916.

Dans ce cas, la commission arbitrale statuera sur la demande de prorogation.

Art. 58. — Les locataires mobilisés devront, à peine de forclusion, faire connaître leur volonté au bailleur, par acte extrajudiciaire, au plus tard dans les trois mois qui suivront le décret fixant la date de la cessation des hostilités.

Les locataires non mobilisés devront faire connaître leur intention au plus tard trois mois avant l'expiration du bail. Si le bail est expiré au moment de la promulgation de la loi ou s'il doit expirer moins de six mois après cette promulgation, ils devront faire connaître leur intention six mois au plus tard après ladite promulgation.

Art. 59. — Pour les locations faites sans écrit, le locataire admis à conserver la jouissance du local, pendant la durée fixée à l'article 56, pourra quitter les lieux loués pendant cette même période aux conditions déterminées par l'usage.

Art. 60. — L'autorisation nécessaire pour l'exercice de tous les droits reconnus à la présente loi pourra être accordée, dans les conditions prévues à l'article 50, à la femme du locataire appelé sous les drapeaux et qui se trouve dans la situation définie à l'article 5.

Art. 61. — Sont nulles de plein droit et de nul effet les obligations contractées par des bailleurs ou des locataires envers tous intermédiaires qui se chargeraient de leurs intérêts moyennant des émoluments fixés à l'avance proportionnellement aux conditions et réduction à obtenir.

Les sommes ainsi payées en vertu de ces conventions nulles seront sujettes à répétition.

Art. 62. — Sont seuls admis au bénéfice de la présente loi :

1° Les Français, les Alsaciens-Lorrains et les protégés français ;

2° Les citoyens, les sujets et les ressortissants des pays alliés :

3° Ceux des pays étrangers qui seront admis à s'en prévaloir par un décret rendu sur la proposition du ministre des affaires étrangères.

Art. 63. — Les sociétés d'habitations à bon marché auront droit à l'indemnité de l'Etat prévue par l'article 29, sans égard au montant de leurs revenus.

Il sera statué par une loi spéciale sur la situation des sociétés de crédit immobilier et de leurs emprunteurs.

Art. 64. — La présente loi est applicable à l'Algérie.

Toutefois, les indemnités prévues à l'article 29 ci-dessus seront allouées, s'il y a lieu, dans les conditions fixées par les assemblées financières de la colonie et dans les limites des crédits régulièrement inscrits au budget de l'Algérie.

Des décrets du Président de la République, rendus dans un délai de six mois, édicteront dans les colonies et pays de protectorat français, autres que la Tunisie et le Maroc, les dispositions qui pourront être nécessaires pour trancher les questions nées de l'état de guerre en matière de loyers.

La présente loi, délibérée et adoptée par le Sénat et par la Chambre des députés, sera exécutée comme loi de l'Etat.

Fait à Paris, le 9 mars 1918.

R. Poincaré.

Par le Président de la République :

Le Garde des sceaux, ministre de la justice,
Louis Nail.

Le Ministre des Affaires étrangères,
Stephen Pichon.

Le Ministre des Finances,
L.-L. Klotz.

Le Ministre du Commerce, de l'industrie, des Postes et des Télégraphes, des transports maritimes et de la et de la Marine Marchande,
Clémentel.

LOI DU 4 JANVIER 1919
modifiant la loi du 9 Mars 1918

Art. 1er. — L'article 58 de la loi du 9 Mars 1918 est complété par les dispositions suivantes :

Pour les locations verbales, les locataires peuvent faire leur notification à toute époque de la location.

Toutefois les locataires ayant reçu congé postérieurement à la promulgation de la présente loi doivent faire leur notification au plus tard le vingtième jour après la réception du congé.

Art. 2. — Pour bénéficier de l'assistance judiciaire de droit qui leur est accordée par l'article 48 de la loi du 9 Mars 1918, il suffira aux locataires énumérés à l'article 15 de la dite loi de faire au secrétariat de la commission arbitrale la déclaration qu'ils rentrent dans la catégorie énumérée par cet article.

Dans le cas où l'assistance judiciaire est de droit, le président de la commission arbitrale fera les désignations prescrites par l'article 13 de la loi du 22 Janvier 1851, modifiée par la loi du 10 Juillet 1901.

L'assistance est également de droit et dans les conditions précisées au paragraphe précédent pour les locataires énumérés à l'article 16.

LOI DU 23 OCTOBRE 1919
relative à la date de la cessation des hostilités

Article premier. — Pour l'exécution des lois, décrets, règlements et contrats dont l'application a été subordonnée à l'état de guerre, sera considérée, sauf intention contraire des parties résultant des contrats, comme la date de la cessation des hostilités, celle de la promulgation au *Journal officiel* de la présente loi (24 octobre 1919).

Il en sera ainsi sans qu'il ait été disposé « pour l'état de guerre », « le temps de guerre », « la durée de la guerre », « la durée des hostilités », « la durée de la campagne », « jusqu'à la paix » ou par toutes autres expressions équivalentes.

Les délais qui devaient s'ouvrir à la cessation des hostilités partiront de même de la date ci-dessus, sans égard aux terminologies différentes

LOI DU 23 OCTOBRE 1919

prorogeant les locations verbales contractées entre le 1er août 1914 et le 9 mars 1918.

ARTICLE PREMIER. — L'article 56 de la loi du 9 mars 1918 est complété par les dispositions suivantes :

« Seront assimilés aux baux et locations verbales en cours au 1er août 1914, le baux et locations verbales renouvelés entre les mêmes parties contractantes ou leurs ayants-droit, et pour les mêmes locaux, à la condition que le prix du nouveau bail ne soit pas inférieur à celui du bail primitif.

« On entend par bail primitif celui qui était en cours au 1er août 1914.

« Les dispositions du paragraphe 7 du présent article ne seront pas applicables dans tous les cas où le bailleur aura vendu l'immeuble qu'il occupait ou qu'il aura été privé du logement qu'il habitait lorsqu'il a consenti le renouvellement dont il s'agit. »

ART. 2. — Si le prix du nouveau bail contracté entre les personnes et pour les locaux visés à l'article précédent est inférieur à celui du bail primitif, le preneur bénéficiera néanmoins, sur simple notification faite dans le délai prévu à l'article 5 de la présente loi, de la prorogation visée à l'article 56 de la loi du 9 mars 1918, mais aux conditions du bail primitif.

ART. 3. — La prorogation de plein droit, sauf pour le cas visé à l'article 2 de la présente loi, a toujours lieu aux conditions de prix convenues en dernier lieu entre les parties. Il n'est point tenu compte des réductions amiablement consenties ou accordées par décision de la commission arbitrale pour la durée de la guerre et les six mois qui suivront le décret portant fixation de la cessation des hostilités.

ART. 4. — Les cessionnaires et sous-locataires du bail ont droit à la prorogation instituée par l'article 56 de la loi du 9 mars 1918 et par la présente loi dans les mêmes conditions que le locataire, pourvu que la cession ou sous-location soit antérieure à la promulgation de la présente loi, s'il s'agit de locaux à usage d'habitation.

ART. 5. — Les articles 57, 58 et 59 de la loi du 9 mars 1918 et l'article 1er de la loi du 4 janvier 1919 sont applicables aux prorogations prévues par la présente loi. Toutefois, un délai de trente jours francs à compter de sa promulgation est accordé aux intéressés pour procéder à la notification des demandes de prorogation qui auraient dû intervenir avant l'expiration de ce délai par application des dispositions précitées.

Toutes les contestations auxquelles la présente loi donnera lieu seront jugées par la commission arbitrale des loyers.

Quand les commissions arbitrales cesseront de fonctionner, ces contestations seront soumises à la juridiction de droit commun.

ART. 6. — Les dispositions de l'article 1er de la présente loi ayant un caractère interprétatif, les locataires visés audit article seront recevables à se pourvoir à nouveau devant les commissions arbitrales, nonobstant toute décision contraire, même passée en force de chose jugée, à l'exception seulement des décisions qui auraient été exécutées.

ART. 7. — Toutes clauses et stipulations contraires à la présente loi, seront considérées comme nulles et non avenues.

Fait à Paris, le 23 octobre 1919.

R. POINCARÉ.

PAYS ENVAHIS

LOI DU 26 OCTOBRE 1919

réglant les droits et obligations résultant des baux d'immeubles atteints par faits de guerre ou situés dans les localités évacuées ou envahies.

TITRE PREMIER

DISPOSITIONS GÉNÉRALES

ARTICLE PREMIER. — Sans préjudice des règles édictées par le code civil au titre du louage et par les lois des 18 juillet 1889, 17 août 1917, 9 mars 1918 et 4 janvier 1919, les baux concernant les immeubles atteints par des dommages visés à l'article 2 de la loi du 17 avril 1919, ou situés dans les localités qui ont été occupées par l'ennemi ou qui ont été évacuées par ordre ou sur l'avis de l'autorité, sont régis, nonobstant toutes clauses et conventions contraires antérieures au 4 août 1914, par les dispositions exceptionnelles et temporaires ci-après.

Toutefois, demeurent valables les conventions contraires librement conclues depuis le 4 août 1914, sous réserve qu'aucun fait nouveau, né de la guerre, ne soit survenu qui ait modifié l'état de l'immeuble.

ART. 2. — Lorsque les dégradations aux constructions ou les destructions d'immeubles ouvrent droit à une indemnité réglée par la loi sur la réparation des dommages causés par les faits de la guerre, le propriétaire, s'il procède à la reconstitution des immeubles, reste seul chargé des réparations ou reconstructions auxquelles l'indemnité permet de pourvoir.

Le preneur qui, en cas de destruction partielle de l'immeuble, opte pour la continuation du bail, ne peut exiger, pour les réparations, d'autres ni plus amples travaux que ceux correspondant à l'emploi total des acomptes, avances ou indemnités alloués en toute propriété au propriétaire, qui reconstitue l'immeuble, sans préjudice toutefois des réductions de prix, en cas de diminution de jouissance.

Le bailleur est réputé satisfaire aux obligations mises à sa charge par les articles 1719 et 1720 du code civil, en justifiant de ses diligences à l'effet d'obtenir les avances, acomptes et indemnités auxquels il a droit en vertu des lois et règlements sur la réparation des dommages de guerre.

Art. 3. — Les présomptions établies par les articles 1732, 1733 et 1734 du code civil et par l'article 4 de la loi du 18 juillet 1889, ne sont pas applicables en cas de dégradations, pertes et incendies se rattachant aux événements de guerre ou survenus pendant l'occupation ennemie ou la durée de l'évaluation du preneur.

Art. 4. — Les délais de forclusion prévus par les lois du 17 août 1917, du 9 mars 1918 et du 4 janvier 1919 ne commencent à courir qu'à dater de la promulgation de la présente loi, à moins que, par l'effet desdites lois, ils n'aient un point de départ postérieur à cette promulgation.

Art. 5. — Dès la promulgation de la présente loi, chacune des parties au bail peut appeler l'autre devant le président de la commission arbitrale des loyers en vue de lui faire préciser ses intentions, au sujet soit de la résiliation du bail, soit du remploi, soit de l'usage des droits qu'elle tient de la présente loi.

Dans le délai de quinzaine, le président fixe, après audition des parties, en tenant compte de la situation de chacune d'elles et des obstacles de fait qui peuvent l'empêcher de prendre parti, le délai dans lequel elles seront tenues de se notifier réciproquement leur intention, sans que ce délai puisse excéder six mois pour les baux à loyer et trois mois pour les baux à ferme.

TITRE II

DISPOSITIONS RELATIVES AUX BAUX D'IMMEUBLES A DESTINATION INDUSTRIELLE OU COMMERCIALE

Art. 6. — Le preneur d'un immeuble bâti à destination commerciale ou industrielle atteint par un fait de guerre peut demander que l'effet du bail soit reporté sur cet immeuble reconstitué à l'aide de l'indemnité versée par l'Etat.

Il ne peut exercer ce droit que s'il restait au moins trois années à courir sur le bail au jour de la détérioration ou de la destruction de l'immeuble.

Le bail reprend son effet sur l'immeuble reconstitué à dater du jour de l'achèvement des travaux et pour la durée qui restait à courir sur le bail au moment où s'est produit le fait donnant lieu à résiliation.

Art. 7. — Si, de l'état de l'immeuble à la suite de la reconstitution, il résulte pour le preneur une diminution de jouissance, par rapport à l'état antérieur de la chose louée, il peut demander une réduction proportionnelle du prix du bail.

Si, après la reconstitution, la valeur locative de l'immeuble est augmentée par suite de dépenses effectuées par le propriétaire, en sus des indemnités de dommages de guerre, le preneur, en demandant le report du bail, doit s'engager à payer un supplément de loyer proportionnel à cette augmentation de valeur locative.

Ce supplément ne peut être inférieur à l'intérêt légal des sommes déboursées par le propriétaire en sus de l'indemnité de dommages de guerre.

Art. 8. — Si le propriétaire n'effectue pas le remploi, le preneur peut néanmoins demander le maintien ou le report du bail sur ce qui subsiste de la chose louée, pour la durée restant à courir au jour de la destruction avec une réduction de prix proportionnelle à la diminution de jouissance résultant de l'état actuel de l'immeuble.

Il a droit, en ce cas, à l'attribution de la partie de l'indemnité de dommages de guerre que le propriétaire ne touche pas par suite du défaut de remploi, à charge de l'employer en travaux de reconstitution sur le fond loué.

Art. 9. — Lorsque l'interdiction de remploi dans l'intérêt public, ou le mode de remploi adopté par le propriétaire, rendent impossible pour le preneur le report des effets du bail dans les conditions prévues aux articles précédents, il peut lui être alloué une indemnité de dommages de guerre pour le préjudice subi par lui du fait de la perte du droit au bail.

Art. 10. — Lorsque l'immeuble n'a pas subi de dégâts, ou lorsque, dans le cas de destruction partielle prévu par l'article 1722 du Code civil, le preneur a opté pour la continuation du bail, il peut demander, si l'outillage industriel ou commercial qui garnissait les lieux loués a été détruit, que le point de départ du délai de prorogation établi par l'article 56 de la loi du 9 mars 1918, soit fixé au jour où cet outillage aura pu être reconstitué.

TITRE III

DISPOSITIONS RELATIVES AUX BAUX A FERME

Art. 11. — La résiliation du bail peut être demandée par le fermier qui justifie que la guerre a modifié, soit sa position personnelle, soit les conditions de son exploitation, dans une mesure telle qu'il est évident que dans sa situation actuelle il n'aurait pas contracté.

La résiliation peut être demandée par le bailleur, s'il justifie que le preneur n'est plus en état d'assurer l'entretien et l'exploitation des biens loués.

La résiliation est de droit à la demande de l'une des parties si l'autre partie n'affecte pas le montant des indemnités, afférentes à l'exploitation, qui lui sont allouées pour les dommages causés aux immeubles par nature et par destination, à la réparation desdits dommages.

Art. 12. — Si le fermier qui a obtenu, par décision de la commission arbitrale ou par convention amiable, des réductions ou exonérations de fermage, vient à sous-louer au cours du bail les immeubles affermés à un prix supérieur à celui de son propre fermage, tel qu'il a été réduit, il est tenu de payer au propriétaire les fermages dont il est exonéré, à concurrence de la différence existant entre le prix de son bail réduit et le prix de la sous-location.

Art. 13. — Le preneur peut, à la condition d'affecter à la reconstitution de son exploitation le montant des indemnités qui lui sont allouées pour les dommages immobiliers qu'il a personnellement subis, demander que le bail soit prolongé pour une durée égale au temps pendant lequel il a été privé, par suite d'événements de guerre, de la jouissance de la chose louée.

Toutefois, si les terres ayant subi, dans le tiers au moins de leur étendue, des dommages exigeant des travaux de remise en état échelonnés sur plusieurs années, le fermier opte, néanmoins, pour la continuation du bail, celui-ci, continué ou prolongé, ne pourra prendre fin avant l'expiration des six années qui suivront la reprise de possession de l'exploitation.

La durée des baux conclus avant le 1er août 1914, dont l'exécution n'a pas commencé à la date convenue par suite de la guerre et dont le fermier demande le maintien, part de l'époque à laquelle la jouissance effective a pu commencer.

Art. 14. — Sont applicables aux baux à ferme, sous réserve des dispositions de l'article précédent, les articles 6 à 9 de la présente loi.

Art. 15. — En cas de continuation du bail, l'indemnité correspondant aux frais de la remise de la terre en son état d'exploitation ou de productivité antérieur est versée au fermier qui doit compte au propriétaire de son emploi.

En cas de résiliation du bail, le propriétaire, s'il reprend l'exploitation par lui-même ou en association, a droit à une indemnité de dommages de guerre égale à la différence entre la valeur du cheptel mort et vif nécessaire à l'exploitation du fonds à la veille de la mobilisation et la valeur de remplacement dudit cheptel au jour de la fixation de l'indemnité.

Il a le droit, en outre, de faire opposition sur l'indemnité allouée au fermier sortant en vue d'obtenir l'attribution à son profit de la partie de cette indemnité correspondant aux pailles, récoltes et autres meubles qui, aux termes de la loi ou de la convention, devaient être laissés par le fermier sur le fonds loué, à l'expiration du bail.

Dans le cas où l'immeuble donné à bail est acquis par l'Etat en vertu de la loi du 17 avril 1919, le fermier peut faire opposition sur l'indemnité allouée au propriétaire en vue d'obtenir l'attribution à son profit de la partie de cette indemnité qui correspondrait à la valeur des engrais, travaux et impenses mis en terre par lui, antérieurement à la cessation de jouissance pour maintenir ou augmenter la productivité du sol pendant la durée restant à courir jusqu'à l'expiration normale du bail.

TITRE IV

JURIDICTION ET PROCÉDURE

ART. 16. — Toutes les contestations, auxquelles donne lieu l'application de la présente loi, sont portées devant la commission arbitrale des loyers, statuant dans les conditions et suivant la procédure déterminées par la loi du 9 mars 1918.

Toutefois, dans les instances relatives à l'application du titre III, ladite commission, réunie en sessions spéciales, sera composée, outre le président, de deux propriétaires ruraux et deux fermiers, métayers ou preneurs de biens ruraux.

A cet effet, avant l'ouverture de chaque session spéciale, il sera, par le président de la commission arbitrale des loyers et dans les formes et délais fixés à l'articl 38 de la loi du 9 mars 1918, procédé au tirage au sort de deux assesseurs titulaires et de trois assesseurs suppléants de chaque catégorie, sans condition de domicile, sur l'ensemble des listes établies, en exécution de l'article 11 de la loi du 17 août 1917, dans les communes dépendant de la circonscription arbitrale des loyers correspondante. Copie certifiée de ces listes sera transmise par le juge de paix de chaque canton au greffe du tribunal civil de l'arrondissement dans la huitaine de la promulgation de la présente loi, ou de leur confection si elle est postérieure à cette promulgation.

ART. 17. — Sont, pour l'application des articles 14 et 15 de la loi du 9 mars 1918, assimilés à des mobilisés, les locataires des immeubles visés à l'article 1er qui justifieront avoir été privés, par suite d'événements de guerre, de la jouissance des lieux loués.

Le bénéfice de cette assimilation ne leur est acquis que pour le temps correspondant à la durée de la situation de fait ayant mis obstacle à leur jouissance.

ART. 18. — Sont seules admises au bénéfice de la présente loi les personnes indiquées à l'article 3 de la loi sur la réparation des dommages causés par les faits de la guerre.

TITRE V

DISPOSITIONS ADDITIONNELLES

ART. 19. — Dans les cas où les listes préparatoires d'assesseurs des commissions arbitrales des loyers, prévues à l'article 35 de la loi du 9 mars 1918, n'auront pu être constituées pour un motif quelconque dans les délais normaux, le premier président de la Cour d'appel peut, par ordonnance, prescrire la constitution de ces listes selon les règles établies par les articles suivants.

ART. 20. — Les listes préparatoires sont dressées, dans chaque canton, par une commission composée du juge de paix, président, des suppléants du juge de paix et des maires de toutes les communes du canton.

Pour chaque commune le maire, s'il est empêché, est remplacé par un adjoint ou, à défaut, par un conseiller municipal pris dans l'ordre du tableau, ou à défaut par un délégué spécial nommé par le préfet.

La commission est convoquée par le président dans la huitaine qui suit la réception de l'ordonnance du premier président. Elle délibère valablement, quel que soit le nombre des membres présents.

ART. 21. — Le nombre des propriétaires, locataires patentés et locataires non patentés, à porter sur les listes préparatoires, est calculé conformément aux dispositions de l'article 35 de la loi du 9 mars 1918, par rapport à chaque commune; mais, ce nombre fixé, les assesseurs peuvent être pris dans tout le canton, en cas de nécessité. La commission constate d'ailleurs valablement l'impossibilité de fournir des listes complètes.

ART. 22. — Les listes préparatoires sont transmises conformément aux prescriptions de l'article 35 de la loi du 9 mars 1918.

Dans le cas où le nombre total des propriétaires, locataires patentés et locataires non patentés, portés sur les listes préparatoires, est insuffisant pour permettre de tirer au sort le nombre prévu par l'article 35, alinéa 6, pour la formation des listes définitives, cette impossibilité est constatée par ordonnance du premier président qui autorise le tirage au sort d'un nombre réduit d'assesseurs, sans pouvoir descendre au-dessous de la moitié des chiffres fixés, par la disposition précitée de l'article 35 pour chacune des catégories.

ART. 23. — Dans tous les cas où il y a lieu à l'application de la présente loi, la commission d'arrondissement chargée de la confection des listes définitives d'assesseurs délibère valablement, dès sa première réunion, quel que soit le nombre des membres présents.

ART. 24. — Dans les cas où les listes d'assesseurs des commissions arbitrales des baux ruraux, prévues à l'article 11 de la loi du 17 août 1917, n'ont pu être constituées pour un motif quelconque dans les délais normaux, il est procédé comme aux articles 19 et 20 de la présente loi.

ART. 25. — Le nombre des propriétaires ruraux et des fermiers, métayers et preneurs de biens ruraux, à porter sur les listes cantonales, est calculé conformément aux dispositions de l'article 11 de la loi du 17 août 1917, par rapport à chaque commune, mais à défaut d'éléments particuliers dans chaque commune, les assesseurs peuvent être désignés sur l'ensemble du canton. La commission constate d'ailleurs valablement l'impossibilité de fournir des listes complètes.

La présente loi, délibérée et adoptée par le Sénat et par la Chambre des députés, sera exécutée comme loi de l'Etat.

Fait à Paris, le 25 octobre 1919.

R. POINCARÉ.

DECRET

relatif à la prorogation et à la suspension des baux des fermiers et des métayers qui ont été mobilisés

---

Le Président de la République française,

Sur le rapport du ministre de l'agriculture et du ravitaillement.

Vu l'article 2 de la loi du 5 août 1914, relative à la prorogation des échéances;

Vu l'article 4 de la loi du 23 octobre 1919, fixant la date de la cessation des hostilités;

Vu les décrets des 19 et 22 septembre 1914, 19 et 22 octobre 1914, 11 décembre 1914, 11 mars, 3 juillet, 24 novembre 1915, 2 mars, 9 juin, 11 novembre 1916, 15 avril, 9 novembre 1917, 18 avril, 22 octobre 1918, 2 février et 25 avril 1919,

Décrète :

Art. 1er. — Les dispositions des décrets des 19 septembre, 19 octobre, 11 décembre 1914, 11 mars, 3 juillet, 24 novembre 1915, 2 mars, 9 juin, 11 novembre 1916, 13 avril, 9 novembre 1917, 18 avril, 22 octobre 1918, 2 février et 25 avril 1919, relatifs à la prorogation et à la suspension des baux des fermiers et des métayers qui ont été mobilisés, seront applicables aux baux qui doivent prendre fin ou commencer à courir dans la période du 1er janvier 1920 au 31 décembre 1920, soit en vertu de la convention des parties, soit par suite d'une précédente prorogation ou suspension.

Toutefois, ces dispositions ne pourront pas être invoquées par les fermiers et métayers qui, avant le 1er septembre 1917, ont été mis à même, par suite de libération, congé, sursis, détachement à la terre ou de toute autre cause, de reprendre personnellement sur place la direction de leur exploitation.

Les déclarations prévues par les articles 1 et 2 du décret du 19 septembre 1914, doivent être faites soixante jours au moins avant l'expiration du bail ou avant la date fixée pour l'entrée en jouissance.

Le juge de paix pourra, en cas de circonstances reconnues par lui exceptionnelles, relever les fermiers et métayers de la déchéance encourue.

Art. 2. — Le présent décret est applicable à l'Algérie.

Art. 3. — Le ministre de l'agriculture et du ravitaillement, le garde des sceaux, ministre de la justice, et le ministre de l'intérieur sont chargés, chacun en ce qui le concerne, de l'exécution du présent décret, qui sera publié au *Journal officiel* et inséré au *Bulletin des lois*.

Fait à Paris, le 3 novembre 1919.

R. Poincaré.

Circulaire aux préfets

sur l'application de la loi du 9 mars 1918 relative aux modifications apportées aux baux à loyer par l'état de guerre

Paris, le 11 mars 1918.

Le Garde des sceaux, ministre de la justice, à MM. les Préfets,

La loi relative aux modifications apportées aux baux à loyer par l'état de guerre, après avoir reçu la consécration du Parlement, vient d'être promulguée et elle est publiée au *Journal officiel* de ce jour.

Votée dans un esprit de conciliation et de concorde, inspirée par le désir d'assurer l'ordre et la paix publique, en instituant les transactions nécessaires entre des intérêts également atteints par les répercussions inévitables de la guerre, elle ne répondra pleinement à son but et ne donnera tous les résultats qu'il est permis d'en attendre que si les autorités diverses chargées d'en assurer l'application se prêtent un mutuel concours et apportent à tous les degrés autant de zèle que de méthode et d'exactitude à l'observation des prescriptions légales.

Une lourde partie de la tâche à accomplir reposera à n'en pas douter sur les magistrats chargés de la présidence des Commissions arbitrales.

L'heure n'est pas encore venue de préciser, par des instructions générales (qui leur seront, s'il y a lieu, ultérieurement adressées), le caractère de la mission qui leur est ainsi attribuée ni les principes dont ils auront à s'inspirer pour réaliser en toute indépendance et sous le seul contrôle de leur conscience, les intentions du législateur.

Il ne saurait convenir davantage, au lendemain même du vote de la loi, de tenter un commentaire nécessairement insuffisant et incomplet de ses multiples dispositions ni de prévoir les difficultés juridiques auxquelles elle pourrait donner naissance, pour leur proposer des solutions qui ne relèvent, en définitive, sous le contrôle de la Cour de cassation, que de l'interprétation du juge.

L'objet essentiel des présentes instructions est, dans chaque département, d'appeler l'attention des corps élus, des représentants de l'autorité administrative et en particulier de leur chef, sur les initiatives qui leur reviennent dans l'application de la loi nouvelle, afin qu'aucune erreur ou aucun retard ne puisse être imputé à leur défaut de vigilance.

Mais avant d'entrer à cet égard dans les explications indispensables, il n'est pas inutile de déclarer qu'entre tous leurs devoirs, le moindre n'est pas sans doute de contribuer, par tous les moyens dont ils disposent, à éclairer les populations parmi lesquelles ils vivent sur le sens et la portée exacte de la loi nouvelle, envisagée du moins dans ses prescriptions les plus générales.

Sans doute son texte, les travaux préparatoires, les longs débats dont elle est issue, de remarquables interventions oratoires et en particulier l'effort de ses éminents rapporteurs au Sénat et à la Chambre, ont répandu dans le public des clartés suffisantes sur la solution donnée par le Parlement aux principaux problèmes qui se rattachent à la question des loyers.

Il ne saurait cependant être inutile de rappeler que la loi qui vient d'être promulguée est essentiellement destinée à mettre fin au régime des décrets moratoires qui, pendant près de quatre années sont venus, à dates périodiques, maintenir les locataires moratoriés dans la jouissance des lieux loués et reculer jusqu'au terme suivant l'échéance de leur dette.

Le décret moratoire pris à la date du 30 décembre 1917 aura été le dernier.

On ne saurait non plus ignorer que désormais toutes les contestations, entre propriétaires et locataires, du moins si elles sont nées de la guerre et relatives à l'exécution ou à la résiliation des baux à loyers, relèveront exclusivement des dispositions de la loi nouvelle et de la compétence des Commissions arbitrales (art. 1, § 34). Non seulement les juridictions de droit commun sont dessaisies, mais l'article 17 stipule expressément que les jugements rendus depuis le 1er août 1914 et qui auraient statué sur des demandes en payement de loyers échus depuis la guerre ne mettent pas obstacle à l'exercice des droits accordés par la loi nouvelle. Toutefois à la différence des indemnités de résiliation dont le payement aurait été effectuée au cours de la guerre, les sommes versées en vertu de ces décisions ne sont pas sujettes à répétition (art. 27).

Quant à l'économie générale de la loi, il suffira d'indiquer, sans prétendre suppléer ainsi à la nécessité de se reporter à son texte, qu'elle a pour objet, dans son titre Ier, de faciliter aux locataires, dont la guerre a gravement affecté la situation ou les intérêts, l'exercice du droit de résiliation, que son titre II se rapporte aux exonérations et aux délais que la disposition capitale en est l'article 14 accordant, d'une façon générale, à tous ceux que la guerre a privés soit des avantages d'utilité ou d'usage de la chose louée, soit d'une notable partie de leurs ressources, le droit de solliciter des Commissions arbitrales, pour la durée de la guerre et les six mois qui suivront, des réductions, lesquelles peuvent, à titre exceptionnel, aller jusqu'à l'exonération.

Ajoutons enfin que le titre III traite de la juridiction et des procédures, et que le titre IV, entre autres dispositions générales importantes, accorde aux locataires le droit d'obtenir la prorogation des baux ou locations verbales en cours au 1er août 1914 aux conditions fixées au bail primitif pour une période qui est en principe tantôt de deux années, tantôt égale à la durée des hostilités.

Mais ce qu'il conviendra surtout et en toutes circonstances de mettre en plein relief c'est la volonté du législateur de soustraire les mobilisés ainsi que leur famille à toutes les appréhensions, à tous les motifs d'inquiétude qu'aurait pu leur causer la fin du régime moratoire.

Sans préjudice des dispositions spéciales prises en faveur des petits locataires mobilisés, sur lesquelles nous reviendrons et qui les exonèrent totalement et définitivement du payement de leurs loyers pendant toute la durée des hostilités et les six mois qui suivront, la loi en notre matière et pour la même période interdit « toutes instances, toutes assignations, toutes procédures d'exécution » à l'égard de tous les mobilisés. A moins qu'ils ne saisissent d'eux-mêmes les Commissions arbitrales pour en obtenir le règlement de leurs intérêts, ils ne sauraient être tenus de comparaître devant elles jusqu'à l'expiration d'un délai de six mois à compter du jour où ils auront cessé d'être présents sous les drapeaux (art. 19).

Leurs veuves, les membres de leurs familles habitant antérieurement avec eux les lieux loués, les femmes des militaires disparus, les personnes parentes ou non qui vivaient habituellement avec eux jouiront pendant certains délais du même avantage qui a été également étendu par analogie aux femmes des citoyens internés en pays ennemis ou retenus en pays envahi (art. 20).

Mais si le législateur a marqué ainsi sa sollicitude particulière envers ceux qui contribuent directement à la défense du pays, c'est tout l'ensemble des petits locataires qu'il fait bénficier d'un régime de faveur destiné à les libérer du fardeau d'une dette que le temps ne faisait qu'aggraver, puisque le Gouvernement, par ses décrets moratoires, ne pouvait chaque trimestre qu'en reculer l'échéance.

Il suffira de se reporter au texte des articles 15 et 16 pour constater que la loi nouvelle divise les petits locataires en deux catégories, le sens du mot petits locataires étant d'ailleurs défini à la fois par l'importance de la commune où ils habitent et par leurs charges de famille.

1re catégorie : petits locataires mobilisés, et par assimilation aux petits locataires mobilisés (sous les conditions et réserves exprimées au cours de l'article) ; les réformés à la suite de blessures de guerre, les attributaires de certaines allocations ou secours :

1° Ces petits locataires sont exonérés de plein droit, par le seul bienfait de la loi, du payement de ce qu'ils restent devoir sur leurs loyers échus ou à échoir pendant toute la durée des hostilités et les six mois qui suivront (art. 15, § 1);

2° Ils sont maintenus en possession des lieux loués pendant la même durée (art. 18) ;

2e catégorie : petits locataires non mobilisés ou ne rentrant à aucun titre dans la catégorie qui précède.

Ils ne bénéficient pas d'une exonération de loyer aussi complète

En ce qui les concerne, la loi se contente d'apurer le passé.

Ils sont dispensés du payement de tous les loyers arriérés échus du 1er août 1914 au 1er avril 1918, en vertu d'une présomption de détresse qui n'est susceptible de tomber que si le propriétaire est en état d'administrer la preuve contraire (art. 16).

Ainsi et jusqu'au 1er avril 1918 la règle édictée en faveur des petits locataires équivaudra en fait, pour la plupart d'entre eux, en tout cas pour tous ceux qui sont dignes d'un réel intérêt, au bénéfice d'une exonération totale.

Mais à dater du 1er avril et pour les loyers à échoir postérieurement ils rentreront dans les termes du droit commun et ne seront déchargés de leurs obligations envers leur propriétaire que dans la mesure où l'auront préalablement décidé les Commissions arbitrales.

Ils ne seront maintenus en possession des lieux loués qu'à la condition de se conformer aux décisions rendues par celles-ci (art. 18).

Observons encore que la situation des petits locataires mobilisés mais affectés ensuite à des établissements industriels travaillant pour la Défense Nationale est définie par l'article 15 *in fine*, qui ne leur accorde le bénéfice de l'exonération totale que s'ils n'ont pu, du fait de leur travail, continuer à résider au lieu de leur domicile habituel et s'ils ne reçoivent pas un traitement, salaire ou rétribution supérieurs d'un quart au moins à ceux qu'ils recevaient avant la guerre.

Il va de soi d'ailleurs, qu'alors même que lesdits locataires ne seraient pas admis à se prévaloir de la situation spéciale aux mobilisés, ils n'en jouiront pas moins du régime particulièrement avantageux institué en faveur des petits locataires, régime qui n'oblige ces derniers à comparaître devant les Commissions arbitrales et à se conformer à leurs décisions, pour le payement de leurs loyers, qu'à dater du 1er avril 1918.

A côté des règles instituées en faveur des locataires, la loi en contient d'autres destinées à limiter l'étendue des sacrifices demandés aux propriétaires, et en particulier à ceux d'entre eux que la modicité de leurs ressources rend tout particulièrement dignes d'intérêt.

C'est au profit de ces derniers que l'article 29 consacre le droit à une indemnité, limitée à 50 p. 100 des loyers dont leurs locataires auront été déchargés. Ne pourront en effet prétendre à ladite indemnité que les propriétaires dont, en vertu des lois d'impôt général sur le revenu, le revenu net total annuel, déduction faite de tous abattements et déductions ne dépassera pas cerains chiffres maxima fixés par la loi savoir, suivant les communes, 5.000 fr., 8.000 fr. ou 10.000 fr.

En aucun cas l'indemnité, ajoutée au revenu imposé ne pourra leur procurer un émolument supérieur aux chiffres déterminés ci-dessus.

Par contre aux termes de l'article 31 tous les propriétaires auront droit sur les impôts qui frappent leurs immeubles, à une remise proportionnelle à la perte de revenu qu'ils ont subie.

Enfin des délais peuvent leur être accordés, sur leur demande, par les Commissions arbitrales pour le payement de leurs dettes hypothécaires et privilégiées, au cas où, par le fait de la guerre, ils se trouveraient privés d'une notable partie des ressources sur lesquelles ils pouvaient compter pour y faire face (art. 32).

Telles sont esquissées dans leurs grandes lignes les modifications essentielles que dès sa promulgation la loi nouvelle apporte à la situation respective des propriétaires et des locataires.

Le résumé qui précède n'a d'ailleurs d'autre but que de préciser certaines notions fondamentales dont il importe que chacun soit instruit pour mesurer exactement l'étendue de ses droits et de ses obligations.

Vous devrez vous y employer par vos explications, par vos conseils auxquels l'autorité dont vous êtes investi donnera tout leur prix.

Il importe également que ceux qui, locataires ou propriétaires, chercheront dans le texte voté par le Parlement les règles pratiques destinées à présider pendant la période des hostilités à leurs relations mutuelles, qui, juges ou justiciables, auront à en interpréter ou à en invoquer les dispositions, veuillent bien se convaincre que le droit nouveau, pour être un droit d'exception (lui-même issu des circonstances exceptionnelles de la guerre) n'en est pas moins un droit d'équité, qu'il ne porte atteinte à la foi due au contrat que dans la stricte mesure où le commande l'intérêt public, et qu'il n'est en définitive qu'un des aspects de la grande loi d'équilibre qui tend à répartir entre tous au prorata de leurs besoins et de leurs ressources les douloureux sacrifices et les risques imprévus de la guerre.

Loin de dégénérer en un instrument de discorde, la loi issue des délibérations du Parlement doit, dans les circonstances tragiques que nous traversons, demeurer comme l'ont voulu ses auteurs une loi de conciliation et d'arbitrage. Elle n'y réussira qu'au prix de concessions réciproques et à la condition d'être appliquée par des hommes de bonne foi détachés de tous préjugés de partis, accessibles moins à des considérations de droit pur qu'aux suggestions les plus simples de la justice et de l'humanité.

La seconde partie de la tâche qui incombe aux autorités administratives concerne, au point de vue pratique, l'organisation matérielle des juridictions arbitrales, appelées à assurer dans de courts délais le fonctionnement normal de la loi.

Un décret en date du 10 mars qui n'a été pris d'ailleurs que d'après les résultats d'une enquête à laquelle, conformément à mes instructions, vous avez été appelé à participer, détermine pour chaque arrondissement le nombre des juridictions instituées, et le ressort de chaque circonscription arbitrale.

Dans un délai de huitaine, le premier président près la Cour d'appel nommera, à chacune de ces Commissions, leur président.

Il appartient aux préfets, suivant les termes de l'article 34, de désigner le lieu où siégera la Commission arbitrale et d'assurer à cette désignation la publicité requise, par un affichage à la porte de chaque mairie de la circonscription.

J'attache le plus grand intérêt à ce que l'autorité préfectorale s'entende avec l'autorité judiciaire pour que chaque Commission dispose d'un local approprié où l'exercice de la justice puisse être assuré dans des conditions qui donnent à la fois satisfaction aux juges et aux justiciables.

L'article 40 de la loi a rendu applicables en notre matière les articles 61 et 62 de la loi du 30 mars 1907.

Il en résulte que le local destiné à chacune des Commissions arbitrales est fourni par la ville où elle est établie, que les dépenses nécessaires au fonctionnement de chaque juridiction sont obligatoirement à la charge des communes comprises dans la circonscription.

Ces dépenses comprennent les frais de premier établissement, le chauffage, l'éclairage, les menues dépenses, etc.

Les juridictions de droit commun étant dorénavant dessaisies pour toutes les contestations visées par la loi nouvelle, il importe que les Commissions arbitrales soient constituées sans aucun retard et dans les délais stricts qui ont été prévus par le législateur.

A cet effet, conformément à l'article 35, les conseils municipaux devront, sur convocation spéciale, être réunis dans le mois qui suivra la promulgation de la loi.

Des instructions précises leur seront données pour les mettre à même de remplir la mission qui leur est dévolue.

Cette mission consiste aux termes de l'article 35 à dresser les listes préparatoires des assesseurs des Commissions arbitrales.

Chaque conseil municipal devra établir trois listes de propriétaires et de locataires domiciliés dans la commune :

1° Une liste de propriétaires d'immeubles à loyer situés dans l'arrondissement ;

2° Une liste de locataires non patentés ;

3° Une liste de locataires patentés.

Les femmes propriétaires ou locataires âgées de 25 ans au moins peuvent être inscrites sur ces listes.

L'article 35 dispose que pour chaque commune ces listes comprendront:

Deux propriétaires, deux locataires patentés et deux locataires non patentés :

Par 200 habitants dans les circonscriptions arbitrales n'ayant pas plus de 30.000 habitants ;

Par 500 habitants dans les circonscriptions ayant de 30.000 à 100.000 habitants ;

Et par 1.000 habitants, dans les circonscriptions ayant plus de 100.000 habitants.

Dans les villes divisées en cantons ou arrondissements les listes doivent être dressées, aux termes du même article, par canton ou arrondissement.

En ce qui concerne les cantons et arrondissements purement urbains cette formule n'a besoin d'aucun commentaire. Dans les villes qui sont rattachées à deux ou plusieurs cantons, lesquels comprennent à la fois une fraction de la ville et une ou plusieurs communes rurales, le Conseil municipal de la ville établira la liste par cantons pour satisfaire au vœu de la loi, mais les communes rurales établiront leur liste par commune.

Il est entendu que pour déterminer le nombre de locataires et de propriétaires appelés à figurer sur les listes, les Conseils municipaux devront se baser sur le chiffre de la population communale sans tenir compte des fractions excédant les tranches déterminées par la loi.

D'autre part, les communes de moins de 200 habitants devront désigner le minimum prévu de deux propriétaires, deux locataires non patentés et deux locataires patentés.

Ainsi une commune de 180 habitants et une commune de 300 habitants auront à élire le même nombre d'assesseurs.

Dans l'hypothèse évidemment rare où la commune ne comprendra pas un nombre suffisant de locataires patentés aptes à figurer sur les listes arbitrales, il n'y aurait pas lieu de désigner à leur place des non-patentés.

L'article 37 déclare que ne pourront être compris sur les listes définitives des assesseurs, que des propriétaires et locataires âgés de vingt-cinq ans, inscrits sur les listes électorales et non soumis aux cas d'incapacité ou d'incompatibilité prévus par les articles 2, 3, 4 de la loi du 21 novembre 1872, sur le jury.

La condition d'inscription sur les listes électorales (inapplicable aux femmes) règle, dans l'esprit du législateur une question de capacité. Dès lors il n'est pas nécessaire que l'intéressé soit porté sur les listes électorales de la commune, s'il est établi qu'il figure sur les listes électorales d'une autre commune.

Il importe que les Conseils municipaux s'appliquent à ne choisir que des assesseurs réunissant les conditions d'aptitudes et de capacité requises. Cette précaution est indispensable pour satisfaire aux principes de la loi. Elle présente également l'avantage de faciliter la tâche des Commissions de revision qui devront par la suite veiller au redressement des erreurs commises sur les listes préparatoires.

Il conviendra, en conséquence, de rappeler aux Conseils municipaux les dispositions détaillées des articles précités de la loi du 21 novembre 1872 qui éliminent des listes du jury les individus condamnés à des peines infamantes ou à des peines correctionnelles graves pour délits de droit commun, édictent certains cas d'incompatibilité vis-à-vis de catégories déterminées de fonctionnaires et écartent les serviteurs à gages et les individus ne sachant ni lire ni écrire.

En dehors des causes d'exclusion de la loi de 1872, la loi nouvelle a édicté des causes d'incompatibilité qui lui sont propres. Le dernier paragraphe de l'article 37 porte que ne peuvent être choisis : 1° les locataires propriétaires d'immeubles de rapport dans le département et les départements limitrophes, 2° les locataires représentants habituels d'un ou de plusieurs propriétaires.

J'attache une importance particulière à l'observation de ces dispositions. Elles impliquent qu'avant d'arrêter les listes qu'ils sont appelés à dresser, les Conseils municipaux auront accompli un travail préparatoire leur permettant de s'assurer que les élus remplissent bien les conditions spéciales d'aptitude prévues par la présente loi. Il leur appartiendra de recueillir par telles voies qu'ils jugeront convenables tous renseignements utiles à cet égard en s'aidant, au cas d'insuffisance de leurs renseignements personnels, soit des indications du casier électoral, soit des informations qu'ils pourront obtenir des diverses administrations financières et notamment de l'administration des contributions directes.

Toutes facilités devront leur être données par vos soins et il vous appartiendra à ce point de vue, d'adresser aux directeurs départementaux toutes instructions convenables.

L'article 35 prescrit qu'un exemplaire des trois listes des propriétaires locataires et locataires non patentés ainsi dressées, restera déposé à la mairie.

J'estime que cet exemplaire devra être mis à la disposition de tout intéressés et même, le cas échéant, rendu public, afin que toutes contestations et réclamations portant sur la capacité des membres choisis, puissent être examinées en temps utile. Un second exemplaire sera, dans le délai fixé par l'arrêté de convocations, transmis au sous-préfet de l'arrondissement qui groupera les listes par circonscription arbitrale et les tiendra à la disposition du président de la Commission d'établissement des listes définitives.

Dans les deux mois, en effet, de la promulgation de la loi, la Commission prévue par l'article 35, paragraphe 3, de la loi nouvelle, se réunira au chef-lieu de l'arrondissement sur l'invitation du président du Tribunal civil qui adressera les convocations et fixera le lieu ainsi que l'heure de la réunion.

Au cas où tous les membres de la Commission ne seraient pas présents, il résulte de l'article 35 que la séance sera remise à un prochain jour mais à cette seconde réunion, les délibérations pourront être valablement prises à la majorité de membres présents. En cas de partage des voix la voix du président est prépondérante.

La Commission, par l'organe de son président, tire au sort sur les listes préparatoires les locataires et propriétaires destinés à être inscrits sur les listes définitives.

Avant de procéder au tirage au sort, la Commission statue sur les incapacités et les incompatibilités, et par une décision préalable, radie les propriétaires et les locataires qui ne réunissent pas les conditions requises pour figurer sur les listes définitives (art. 35, § 7).

Ce pouvoir de décision accordé à la Commission de revision des listes suppose évidemment que dans le laps de temps qui se sera écoulé entre l'envoi des listes au sous-préfet et la réunion de la Commission, sur l'initiative du président de la Commission auquel il vous appartiendra de prêter votre concours, tous renseignements utiles auront été recueillis sur la capacité des locataires et propriétaires figurant sur les listes préparatoires.

Grâce à ces renseignements le contrôle de la Commission pourra s'effectuer d'une manière efficace et elle sera en mesure de statuer en toute connaissance de cause sur le mérite des réclamations qui lui auront été présentées.

Toutes radiations une fois opérées, il est procédé au tirage au sort.

Le tirage au sort portera, dit la loi, sur la moitié du nombre des propriétaires et sur le quart du nombre des locataires (art. 35, § 6).

Nous estimons que cette proportion doit être entendu comme s'appliquant au nombre subsistant des locataires et des propriétaires après les éliminations antérieurement opérées.

Un procès-verbal régulier devra être dressé des opérations de la Commission de revision. Il sera signé du président et adressé en même temps que les listes au président de la Commission arbitrale dont la désignation aura été faite dans la huitaine de la promulgation de la loi.

Au cas où, dès l'origine, il existe conformément à l'article 34, paragraphe 5, plusieurs Commissions arbitrales fonctionnant simultanément dans la même circonscription arbitrale, il va de soi qu'un exemplaire de la liste devra être adressé au président de chacune d'elles.

C'est sur cette liste que les présidents des Commissions arbitrales, seront appelés à leur tour par voie de tirage au sort, quinze jours avant l'ouverture de chaque session, à tirer les noms des jurés de la session.

Les assesseurs désignés pour la session d'une Commission et qui sortiraient au tirage au sort de la deuxième seront naturellement considérés comme empêchés. Aussi conviendra-t-il que la liste de tirage au sort de la première Commission soit communiquée sans délai au président de la deuxième.

Ici d'ailleurs cesse de s'exercer l'intervention de l'autorité administrative.

Les Commissions arbitrales, régulièrement instituées sont des juridictions indépendantes, qui statuent, en fait, d'après les seules inspirations de leur conscience, en droit, sous le contrôle souverain de la Cour de cassation.

Vous ne cesserez pas cependant de suivre de très près leurs travaux.

Dans une matière qui touche essentiellement à l'ordre public, ma chancellerie attachera le plus grand prix à recevoir vos renseignements sur les résultats d'application de la loi dans votre département.

Elle ne doute pas d'ailleurs que l'esprit d'harmonie et de concorde qui aura présidé à l'organisation des juridictions nouvelles, ne concoure également à leur fonctionnement régulier et que, dans ces conditions, elles n'aient aucune peine à réaliser, conformément aux vues du législateur, leur œuvre de conciliation, d'apaisement et d'équité.

Le Garde des sceaux, ministre de la justice,

Louis NAIL.

COMMISSIONS ARBITRALES

RAPPORT AU PRESIDENT DE LA RÉPUBLIQUE FRANÇAISE

Paris, le 10 mars 1918.

Monsieur le Président,

L'article 34 de la loi du 9 mars 1918 relative aux modifications apportées aux baux à loyer par l'état de guerre dispose que toutes les contestations auxquelles cette loi donnera lieu seront jugées par les Commissions arbitrales.

Aux termes du paragraphe 2 du même article, une Commission arbitrale est instituée en principe dans chaque arrondissement et dans les villes dressées en cantons ou arrondissements dans chaque canton ou arrondissement ; ou enfin dans chaque canton suburbain du département de la Seine.

Mais le même article prévoit que des dérogations peuvent être apportées par décret au principe de l'institution d'une Commission unique par arrondissement ou par canton.

D'autre part, en effet, toutes les fois que pour la prompte expédition des affaires la subdivision de la circonscription est nécessaire, cette subdivision peut être autorisée par un décret qui détermine le ressort territorial de chaque Commission.

D'autre part, il est encore loisible au Gouvernement d'instituer plusieurs Commissions fonctionnant simultanément dans la même circonscription sans que d'ailleurs la compétence de ces Commissions soit territorialement déterminée.

Enfin le paragraphe 5 de l'article 34 prévoit la possibilité du rattachement par décret de plusieurs circonscriptions. Cette mesure s'impose effectivement dans nombre de cas et notamment lorsqu'il s'agit de circonscriptions n'ayant qu'une population très inférieure à la moyenne ; les besoins auxquels il s'agit de pourvoir sont d'ailleurs très inégaux suivant les régions ; au surplus il y a lieu encore de tenir compte des difficultés que pourrait faire naître au point de vue de la composition des Commissions arbitrales, l'exagération de leur nombre.

Il importe, pour éviter une cause de retard dans l'application de la loi, de déterminer dès à présent pour l'ensemble du territoire le tableau des Commissions arbitrales qui seront appelées dès l'abord à s'y constituer; en conséquence, j'ai l'honneur, Monsieur le Président, de soumettre à votre signature le projet de décret ci-joint.

Veuillez agréer, Monsieur le Président, l'hommage de mon profond respect.

Le Garde des sceaux, ministre de la justice,
Louis NAIL.

COMMISSIONS ARBITRALES

Le Président de la République française,

Sur le rapport du Garde des sceaux, ministre de la justice,

Vu l'article 34 de la loi du 9 mars 1918 relative aux modifications apportées aux baux à loyer par l'état de guerre,

Décrète :

Art. 1er. — Les Commissions arbitrales qui auront à juger toutes les contestations auxquelles la loi du 9 mars 1918 donnera lieu et dont l'institution est prévue par l'article 34 de cette loi sont établies conformément aux dispositions du tableau annexé au présent décret.

Art. 2. — Le Garde des sceaux, ministre de la justice, est chargé de l'exécution du présent décret.

Fait à Paris, le 10 mars 1918.

R. POINCARÉ.

Par le Président de la République :

Le Garde des sceaux, ministre de la justice,

LOUIS NAIL.

“Nul n’est censé ignorer la Loi”

TOUTE LA LOI FRANÇAISE SE TROUVE EXPLIQUÉE DANS LES 64 FASCICULES DE “MON AVOCAT”

qui mettent, avec un fascicule pour chaque matière spéciale,

“LA LOI A LA PORTÉE DE TOUS”

CODE DES PLAIDEURS

1. **Justice de paix** : procédure, pouvoir, frais, etc.
2. **Tribunal civil** : procédure, pouvoir, frais, etc.
3. **Cour d’appel et de cassation** : procédure, pouvoir, frais, etc.
4. **Tribunal de commerce et conseils de prud’hommes** : procédure, pouvoir, frais, etc.
5. **Conseils de préfecture et d’Etat** : Procédure, pouvoir, frais, etc.
6. **Saisies** : comment les éviter.
7. **Assistance judiciaire** : ordre, référé.
8. **Tribunaux repressifs** : plainte, recours.
9. **Liberté individuelle.**
10. **Arbitrage amiable** : plus de procès.

Chaque fascicule séparé 0.75, franco 0.85.
Les 10 fascicules réunis en un volume broché 7 francs.

CODE DES COMMERÇANTS

1. **Achat, vente et nantissement de fonds de commerce.**
2. **Formules d’achats, de ventes et nantissements de fonds de commerce.**
3. **Employés de commerce** : intéressés, congé.
4. **Le commerçant** : hommes, femmes, mineurs
5. **Fraudes et falsifications** : prélèvements.
6. **Achats et ventes** : garanties, essai, etc.
7. **Livres de commerce** : poids et mesures.
8. **Effets de commerce** : protêt, effets de complaisance.
9. **Liberté commerciale** : concurrence déloyale.
10. **Sociétés** : formules.
11. **Marques de fabrication** : comment les déposer.
12. **Brevets d’invention** : conditions, gratuité.
13. **Faillite et liquidation judiciaire** : réhabilitation.

Chaque fascicule séparé 0.75, franco 0.85.
Les 13 fascicules réunis en un volume broché 9 francs.

CODE DE LA PROPRIÉTÉ

1. **Locations urbaines** : réparations. congé.
2. **Locations rurales** : cheptel, warrants, engrais, mérite agricole.
3. **Servitudes** : mur, haies, distances, eaux.
4. **Constructions** : devis, architecte, alignement.
5. **Hypothèques** : inscription, rédaction, purge.
6. **Animaux domestiques** : chats, chiens, pigeons, etc.
7. **Vices rédhibitoires** : **Police sanitaire.**
8. **Assurances** : incendie, glaces, risques commerciaux.
9. **Bornage; Habitations à bon marché; Biens de famille.**
10. **Cours d’eau** : curage, moulin, canotage.

Chaque fascicule séparé 0.75, franco 0.85.
Les 10 fascicules réunis en un volume broché 7 francs.

CODE DE LA FAMILLE

1. **Mariage** : formalités, intermédiaires, etc.
2. **Contrats de mariages** : régimes divers.
3. **Separations** : de corps et de biens, conversion.
4. **Divorce** : motifs, procédure, frais.
5. **Femmes** : célibataires, mariées, épargne, salaire.
6. **Code intime** : devoirs conjugaux, adultères, etc.
7. **Séduction** : union libre, enfants naturels.
8. **Enfants** : adoption, émancipation, désaveu.
9. **Tutelle** : conseils de famille, compte de tutelle.
10. **Domestiques** : l’anse du panier, congé, maladie.
11. **Conseil judiciaire** : interdits, etc.
12. **Donations** : quotité disponible, dons manuels.
13. **Testaments** : formule, ouverture, exécuteurs.
14. **Successions** : parenté, ouverture, acceptation, bénéfices, etc.
15. **Partages successoraux** : déclaration, frais, etc.

Chaque fascicule séparé 0.75, franco 0.85.
Les 15 fascicules réunis en un volume broché 10 fr. 50.

CODE DES CHEMINS DE FER

1. **Voyageurs** : place, portière, retards, accidents.
2. **Bagages** : déclarations, perte, avarie.
3. **Transport de marchandises** : tarifs, indemnité.

Chaque fascicule séparé 0.75, franco 0.85.
Les 3 fascicules réunis en un volume broché 2 francs.

CODES USUELS ET PRATIQUES

1. **Pêche** : lignes, drogues, appâts, grenouilles.
2. **Rentes viagères; Assurances vie.**
3. **Créanciers et débiteurs** : mesures à prendre.
4. **Actes sous seing privé** : comment les faire.
5. **Bourse** : piège, comptes, liquidation.
6. **Police** : gendarmes, gardes champêtres, gardiens de la paix.
7. **Crimes, délits, contraventions** : casier judiciaire.
8. **Code-tarif des notaires** : responsabilités.
9. **Frais de justice** : avoués, avocats, huissiers, taxe.
10. **Métiers** : bouchers, boulangers, coiffeurs, photographes, etc.
11. **Travail** : patrons, ouvriers, tâcherons, grèves.
12. **Accidents du travail** : calcul de la rente, etc.
13. **Cafetiers, hôteliers, restaurateurs**, etc.

Chaque fascicule séparé 0.75, franco 0.85.
Les 13 fascicules réunis en un volume broché 9 francs.

“ÉDITIONS ET LIBRAIRIE”, 40, rue de Seine, PARIS (6e).

Imp. MAUCHAUSSAT. Paris.

IMP. CHANTENAY, PARIS

www.ingramcontent.com/pod-product-compliance
Ingram Content Group UK Ltd.
Pitfield, Milton Keynes, MK11 3LW, UK
UKHW022139260726
13993UKWH00005B/2026